しまなみ海道をめぐった

Editorial Department

島から島へ、いろんな人から情報をいただきながら旅をした
しまなみ海道」のスタッフたち。私たちが見つけたしまなみ海道の魅力を、
人でも多くの方に味わっていただきたいなぁと願っています！

旅&グルメライター。しまなみ海道の島々の取材歴30年以上になります。各島に行きつけの店があり、仲良くしている店主さんもいっぱい！　本誌では絶景や間違いのないグルメをご紹介しています。

Instagram ▶

阿部 美岐子
（シーズ・プロダクション）

家事好きライター。東京から移住してきたとき、初めて見たしまなみ海道の多島美と海の美しさに感動しました！　今回は向島と生口島を担当。素敵な人たちとの出会いを楽しみました。

Instagram ▶

廣瀬麻衣

建築ウォッチング好きライター。大三島を担当しました。祈りと飛翔を感じるデザインの多々羅大橋がお気に入り。人けのないビーチを見つけて過ごすのも島旅の楽しみです。

Instagram ▶

矢野美也子

食いしん坊ライター。伯方島と因島を担当し、ゲストハウスの魅力にハマりました。寺社仏閣巡りも好きなので、いつか因島の島遍路にもチャレンジしてみようと思っています。

本田亜由美
（KASAK）

大島担当ライター。北海道からしまなみ海道の大島に移住し、小さな書店（珈琲屋・ゲストハウス）を営みつつ、時折文章を書いています。季節で変わる島の山と海の色が大好きです。

Twitter ▶

千々木涼子
（こりおり舎）

幼稚園児、小・中学生の子育てをしているママライターです。今回は編集アシスタントとして全島サポート。親子でしまなみサイクリング走破に挑戦しようと目論んでいます！

宮川知子

今治市大三島出身ですが、島を出てずいぶん経ち、旅人気分で景色や人を撮影しました。好きな場所はたくさんありますが、やはり大山祇神社には特別な思いがあります。

国貞誠
（PROFFESIONAL PHOTO KUNISADA）

ライター&カメラマン。全国の山や川、安酒場を徘徊しています。しまなみ海道はサイクリングやキャンプのフィールドとしてよく訪れますが、キャンプで肉離れ、自転車でパンクが思い出です。

藤川満

しまなみ海道アルバム

心に残る絶景、癒しの情景

初めてなのに懐かしく、何度訪ねても感動的。
そんなしまなみ海道の景色を巡る旅へ。

写真／国貞誠、藤川満（P5の08、P9の08）

01｜大島沖
鯛崎島［MAP P.77 C-2］

03｜大三島
宮浦港［MAP P.59 B-3］

02｜大島
島四国・第70番札所車南庵［MAP P.77 B-3］

06｜因島
白滝山［MAP P.41 B-1］

05｜因島
地蔵鼻［MAP P.41 D-4］

04｜大三島
甘崎城跡［MAP P.59 D-3］

07｜岩子島
浜ノ浦隧道［MAP P.33 A-3］

島の営みにふれる

01_能島の南にある周囲200mほどの小島。南端にはお地蔵様が佇む。02_かつては島四国の起点だった札所。03_大三島の玄関口として賑わった時代の面影を残す港。04_来島村上氏の居城があった島。春と秋の大潮の時には、海割れ現象が起こり徒歩で渡れることもある。05_恋愛成就や子授け、安産などにご利益があるとされるパワースポット。06_因島村上氏の見張りどころだった標高226mの山。仁王門から山頂まで700体もの石像が並ぶ。07_向島と向島大橋でつながった岩子島には、珍しい手掘りのトンネルが2カ所にある。

02｜生口島
『空へ』[MAP P.49 A-4]

01｜生口島
『ベルベデールせとだ』[MAP P.49 C-4]

04｜生口島
『千里眼“のぞいてみよう、瀬戸田から世界が見える。”』[MAP P.49 A-4]

03｜生口島
『地殻』[MAP P.49 D-2]

アートと出会う

01〜04_「島ごと美術館」は、生口島そのものを美術館に見立てて、島内に点在する17のアート作品を巡るというもの。作品は1989年から生口島で開催された世界一小さなアートプロジェクト「瀬戸田ビエンナーレ」で設置されたもので、それぞれのアーティストがその場所にふさわしい作品を生み出している。海や空、緑に映える作品は、手で触ることのできるものもあり、自由にアートと親しむことができる。作者は01川上喜三郎、02眞板雅文、03岡本敦生、04松永真。05_地元の人も旅人も、誰もが潮風を感じながらくつろぎのひとときが過ごせる公園。そのシンボルとなっているのが、迫力満点の恐竜ザウルくん。ちょっと不思議な光景に目が釘付けになるかも。

05｜因島
因島アメニティ公園 [MAP P.41 B-1]

07 | 岩子島
厳島神社 [MAP P.33 A-3]

08 | 大島
亀老山展望公園 [MAP P.77 B-4]

06 | 大三島
多々羅大橋 [MAP P.59 D-3]

自転車で走る

06_多々羅大橋展望台から少し降りたところからは、多々羅大橋をバックに快走するサイクリストの姿を見ることができる。07_岩子島の厳島神社は、映画『男たちの大和／YAMATO』のロケ地にもなった場所。周囲約8kmのこの島は、一足伸ばしたいサイクリストにも人気。08_大島の南端にある亀老山展望公園は、しまなみ海道随一の絶景スポット。09_しまなみ海道には、各所にサイクルスタンドが設置されているが、今治市と伯方島、大三島には6体の人型スタンドがある。伯方島にあるのは、その名もMR/HAKATAJIMA。10_人型スタンドや「サイクリストの聖地」と刻まれた石碑があり、記念撮影のスポットとして定着している。

10 | 大三島
サイクリストの聖地 [MAP P.59 D-3]

09 | 伯方島
道の駅伯方Ｓ・Ｃパーク
マリンオアシスはかた [MAP P.69 B-3]

02 | 伯方島沖

鶏小島と伯方・大島大橋［MAP P.69 B-4］

03 | 生口島

高根大橋［MAP P.49 B-2］

01 | 生口島

多々羅大橋［MAP P.49 A-5］

05 | 大三島

多々羅展望台［MAP P.59 D-3］

06 | 大三島

鼻栗瀬戸展望台［MAP P.59 D-4］

04 | 大三島

立石展望台［MAP P.59 D-3］

08 | 大島
亀老山展望公園 [MAP P.77 B-4]

07 | 因島
因島大橋 [MAP P.41 C-1]

10 | 大島
カレイ山展望公園 [MAP P.77 C-2]

09 | 伯方島
今治市伯方ふるさと歴史公園 [MAP P.69 D-3]

橋を眺める

01_生口島から眺める多々羅大橋と大三島。茜色に染まった空が幻想的。02_伯方島の沖合に浮かぶ無人島・鶏小島の周辺は、船折瀬戸の名で知られており、激しい潮流が渦巻く海の難所。潮流体験 能島水軍でその迫力を体感できる。03_生口島と高根島を結ぶ高根大橋は、柑橘のような鮮やかなオレンジ色。04_標高270mに位置している立石展望台は、多々羅大橋や生口島を一望する眺望スポット。05_多々羅大橋のたもとにある展望台。全長1480m、世界屈指の規模を誇る斜張橋である橋の姿を見るのにおすすめの場所。06_鼻栗瀬戸をまたいで大三島と伯方島を結ぶ大三島橋を真横から眺められる展望台。全長328mの橋は、しまなみ海道では唯一のアーチ橋。07_幅約800mの布刈瀬戸をまたいで因島と向島を結ぶ因島大橋。08_大島の南端、標高307mの亀老山山頂にある亀老山展望公園。ここから見る来島海峡大橋の美しさには定評があり、晴れた日には今治市街まで見渡せる。09_今治市伯方ふるさと歴史公園からは、眼下に造船所や木浦港などの景色が広がる。10_伯方・大島大橋や能島城跡などを一望できるカレイ山展望公園。春には桜と海のコントラストも楽しめる。

近景・遠景・点景

訪れる人を主人公にしてくれる
美しくもやさしい島のひと時。

01｜向島
尾道水道を望む[MAP P33 C-2]

02｜大島
椋名の遍路道[MAP P.77 A-4]

03｜尾道市
尾道水道を走る渡船[MAP P.33 C-2]

04｜向島
立花海岸[MAP P.33 B-4]

05｜向島
映画『あした』ロケセット[MAP P.33 C-2]

06｜大三島
多々羅岬（しまなみコーヒー）[MAP P.59 D-3]

11 | 因島
因島公園[MAP P.41 C-5]

08 | 大島
亀老山展望公園[MAP P.77 B-4]

07 | 向島
向島大橋[MAP P.33 B-3]

10 | 伯方島
開山展望台[MAP P.69 A-2]

09 | 生口島
レモン谷[MAP P.49 A-4]

14 | 大島
よしうみバラ公園[MAP P.77 B-3]

13 | 伯方島
熊口港[MAP P.69 A-2]

12 | 伯方島
鶏小島[MAP P.69 B-4]

16 | 生口島
瀬戸田サンセットビーチ[MAP P.49 A-4]

15 | 大三島
宗方地区[MAP P.59 A-5]

しまなみ全景マップ

この本は、しまなみ海道の6島と
周辺の島々を紹介しています。
それぞれの島がどこにあって、
どのページで紹介されているかは、
この地図をご覧ください。

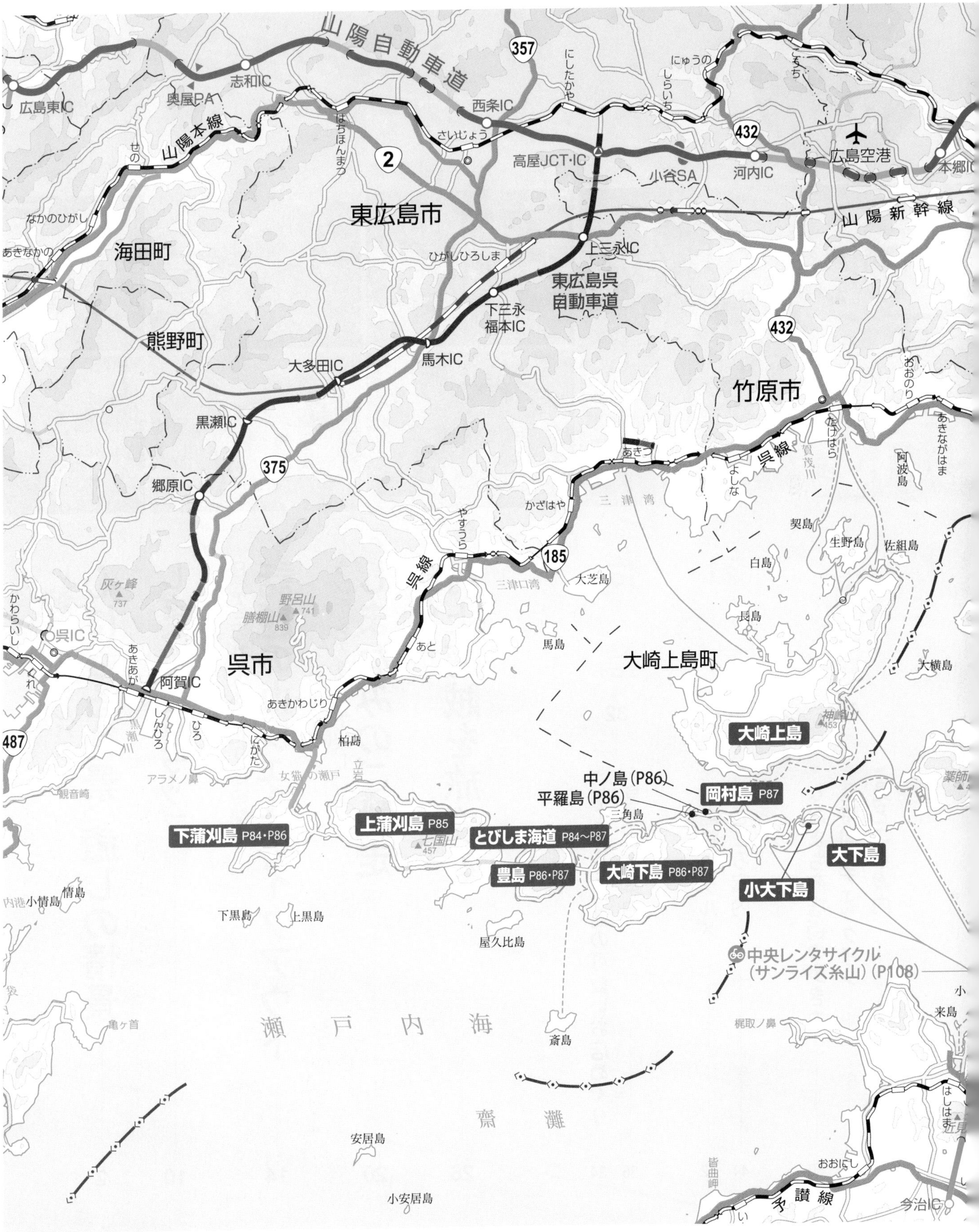

レスキューポイント　レンタサイクルターミナル

瀬戸の島旅

しまなみ海道

＋とびしま海道 ゆめしま海道

Contents

しまなみ海道アルバム
心に残る絶景、癒しの情景 2

しまなみ全景マップ 10

日常を忘れて、ゆったり島時間
話題のカフェ&テイクアウト 14

ランチ&ディナーで楽しむ
しまなみのご馳走 20

日本遺産
村上海賊を旅する 26

向島 32
- レトロが香る 島の可愛いお店めぐり 34
- 見どころ案内 36

因島 40
- 因島鉄板グルメ 42
- 見どころ案内 44

生口島 48
- しおまち商店街の歩き方 50
- 島時間へチェックイン 52
- 見どころ案内 54

車で、自転車で、
歩いて旅する。
美しい瀬戸の
島々の物語。

大三島 58

・大山祇神社探訪 60
・見どころ案内 64

伯方島 68

・ドルフィンファームしまなみ 70
・見どころ案内 71

大島 76

・大島・島四国巡礼 非日常への小旅行 78
・見どころ案内 82

瀬戸内離島漂流記
しまなみのその先へ

とびしま海道 84

ゆめしま海道 88

しまなみエリアの多彩な宿 93

自転車だから感じる自然の魅力
しまなみアウトドア 97
絶景／シーカヤック＆SUP／グルメ
グランピング＆キャンプ／出会い

島へのアクセス／船便編 106

島へのアクセス／自転車編 108

インデックス 110

記載の価格は税込です（P.93〜P.96を除く）。
特別な休日は記載しておりません、各施設にご確認ください。

日常を忘れて、ゆったり島時間
話題のカフェ＆テイクアウト

景色やインテリア、おもてなしなどプラスαの魅力があるカフェ。
パッと買って自分の好きな場所で味わえるテイクアウト。
どちらにも共通するのはゆったり美味しく、島時間を過ごせること。
しまなみ海道で話題のカフェ＆テイクアウトをピックアップ！

写真／国貞誠、文／阿部美岐子

海景色を眺めていると
時間が経つのも忘れそう

Cafe Shozan《カフェショーザン》

ご夫婦で切り盛りする居心地の良い店は、2020年5月にオープン。パスタやカレーなどのフードは営業時間中ずっと味わえ、食後は自家焙煎コーヒーでまったり。店内には奥さまが集めたたくさんの本が置かれており、それらを手に取りながら過ごすのもいい。店内どの席からも感動的な海景色が望める。

愛媛県今治市吉海町福田119　0897-72-8915
営10:00～16:00　休火～木曜　Pあり
西瀬戸自動車道大島北ICから車で10分、大島南ICから車で10分　MAP P.77 B-3

写真の「ミートソーススパゲティセット」は具沢山のサラダやカフェラテなどドリンク付きで1,430円。ドリンクはテイクアウトOK

「メロンパン(173円)」や「ノア・フィグ(292円)」、「ベーグル(151円〜)」など種類は豊富

全国区の人気を誇る 安心素材の無添加パン

小麦粉、砂糖、油など使用する材料すべてを吟味し、石窯で焼いたパンは、全国からオーダーが入るほどの人気。カフェスペースではオリジナルハンバーガーやサンドイッチ、クロックマダムなどのパンメニューを味わえる。石窯で自家焙煎したコーヒーとともに味わえば、最高に贅沢なランチになるはず。

パン屋《パンヤ》 paysan《ペイザン》

愛媛県今治市吉海町本庄477　0897-84-4016　営 11:00〜17:00（カフェは12:00〜）　休 月〜木曜（パン販売は月〜木曜、土曜）　P あり
西瀬戸自動車道大島北ICから車で15分、大島南ICから車で18分
MAP P.77 B-3

来島海峡大橋を一望する リトルアジアンなカフェ

車を止めて坂道を登っていくと、可愛い小屋が出迎えてくれる。大島出身のオーナーが、大好きな高台からの景色を多くの人に見てほしいと2020年7月にオープン。かつて世界各地を旅行した経験から、自家菜園で育てたハーブを使い、各地で気に入ったアジアの料理を再現して提供している。営業は金・土・日曜。

台湾料理「シェントウジャン」はパンセット(800円)、台湾風おこわおにぎりセット(1,000円)が選べる。ガーデンベンチでの飲食もOK

アジアンカフェ《アジアンカフェ》 亀山小屋《カメヤマゴヤ》

愛媛県今治市吉海町名4674　なし　営 11:00〜17:00　休 月〜木曜
P あり　瀬戸自動車道大島北ICから車で5分、大島南ICから車で20分
MAP P.77 B-4

自家焙煎珈琲とセレクトした本、ときどきゲストハウス

自家焙煎珈琲の「こりおり珈琲」、セレクト本屋の「こりおり文庫」。ご夫婦それぞれが自分の好きなものに向かい合い、その楽しみを提供している「こりおり舎」。店舗は古民家を改修しており、どこか懐かしいレトロな雰囲気も魅力だ。ゲストハウスとしても営業しているので島旅の拠点にもおすすめ。

コーヒー片手に本…最高の贅沢ですね！

こりおり舎《コリオリシャ》

愛媛県今治市吉海町仁江2436　0897-72-8006
営 12:00〜17:00　休 水〜金曜（宿は火〜金曜）　P あり
西瀬戸自動車道大島北ICから車で10分、大島南ICから車で10分
MAP P.77 C-3

珈琲は1カップ500円〜。豆売りは100g600円〜

スイーツも絶景も欲張って 珠玉のひと時を召し上がれ

遠方からわざわざ買いにくる人も少なくない、人気のパティスリー。オーナーパティシエは1948年開業の和菓子店「玉屋」の二代目だったが、大阪の洋菓子店に弟子入り。2007年にこの店を開業した。自身が納得できる素材を国内外から取り寄せ、味にも見た目にもこだわったケーキを生み出している。

「モンブラン(550円)」と「赤い果実のタルト(500円)」

Patisserie T's cafe（玉屋）《パティスリー ティーズカフェ（タマヤ）》

愛媛県今治市伯方町有津甲2328
0897-72-0343　営10:00～17:00　休日曜
Pあり　西瀬戸自動車道伯方島ICから車で5分
MAP P.69 B-3

しまなみコーヒー《シマナミコーヒー》

愛媛県今治市上浦町井口7594-1　090-4977-8191　営10:00～17:00（変更あり）　休月～金曜（祝日は営業）　Pあり　西瀬戸自動車道大三島ICから車で5分　MAP P.59 D-3

海を見下ろしながら コーヒーブレイク！

話題の"SNS映えするコーヒースタンド"は、多々羅しまなみ公園を見下ろす高台の広場に土・日曜と祝日に出店。コーヒーや柑橘を使ったドリンクなどを提供している。コロンと丸みのあるトレーラーの周りにはテーブルセットも置かれており、お外カフェが楽しめる。アイスコーヒー500円。

石窯で焼いたこだわり生地に 地元の幸をてんこ盛り！

今治産など国産小麦と伯方の塩を素材に、低温で熟成した生地を石窯で焼くピッツァが評判。トッピングの魚や野菜も地元産、ハーブは自家栽培とご当地食材にこだわっている。焼き上がりはもっちりと軽やかで、ランチタイムは前菜付きのピッツァが1,000円～。ディナータイムにはピッツァの種類も増え、アラカルトや自然派ワインも提供する。

一番美味しい瞬間に お出ししています！

Pizzeria da ISOLANI《ピッツェリア ダイゾラーニ》

愛媛県今治市伯方町木浦甲3284-5　0897-85-0858　営11:00～15:00(L.O14:00)、17:30～21:00(L.O20:00)　休火曜、第2・4月曜
Pあり　西瀬戸自動車道伯方島ICから車で5分　MAP P.69 C-3

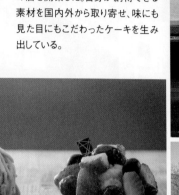

フレッシュな果実を 丸ごといただきリフレッシュ

生口島のレモンをはじめ、季節の柑橘を使ったドリンクが味わえる店。なかでも特殊な機械で果汁を搾る「カジュッタ(600円～)」は、清美タンゴールやネーブルなど大きな柑橘の皮が器になっている。他に「瀬戸田産みかんジュース(500円～)」などメニューはいろいろ。気軽にビタミンチャージを！

契約農家さんの柑橘を搾ってボトリングしたジュースは1本1,200円

felice di tucca《フェリーチェ ディ ツッカ》

広島県尾道市瀬戸田町瀬戸田 574-1　0845-25-6771　営 11:00～16:00
休 不定休　P 近隣に無料あり　西瀬戸自動車道生口島北 IC から車で 10 分、生口島南 IC から車で 15 分　MAP P.49 B-2

店主もロケーションも 自由な空気感が心地よい

オレンジ色の鮮やかなトレーラーで提供するのは、ハンドドリップで淹れるコーヒー。しっかりした深煎りで、開放感とともに味わうのが贅沢だ。土日には8種類のスパイスを使う「インディゴカレー(1,100円)」を提供。和食のダシを使ったまろやかなキーマカレーは、子どもからお年寄りまで愛される。

「アイスコーヒー(500円)」と「パウンドケーキ(300円)」

喫茶インディゴ《キッサ インディゴ》

愛媛県今治市上浦町甘崎 373-3　050-3173-0274　営 11:00～16:00
休 不定休（営業日はインスタで確認）　P あり　西瀬戸自動車道大三島 IC から車で 5 分　MAP P.59 D-3

大三島を愛する店主が パンに込めた島の魅力

柑橘や野菜、海産物、魚介類、平飼い卵。食材に恵まれた大三島の豊かさを天然酵母パンで体現している「まるまど」のパン。2018年に開業し、今ではすっかり島のパン屋さんとして定着した。ベーグルなど新商品も登場し、コーヒーの自家焙煎もスタート。珈琲はスッキリした味わいで、パンにもよく合う。

パン屋 まるまど《パンヤ マルマド》

愛媛県今治市上浦町井口 5792　0897-72-8320
営 11:30～18:00（売り切れ次第終了）　休 月～水曜、日曜
P あり　西瀬戸自動車道大三島ICから車で5分　MAP P.59 D-2

パンは25～30種を用意。プレーンベーグルは162円、自家焙煎コーヒー豆80g594円

とろけるような美味しさの刺身がのった海鮮丼をぜひ

ミニ海鮮丼に一品料理などがセットになった「六大陸ランチ(1,980円)」のほか、ハンバーグなどのメニューもあり

六大陸《ろくたいりく》

広島県尾道市因島重井町 989　0845-25-1525
営11:30〜16:00　休火曜、第２・４水曜　Pあり
西瀬戸自動車道因島北 IC から車で５分、因島南 IC から車で 10分　MAP P.41 B-1

木を使ったログハウスのような建物は洋風テイスト。でも、看板メニューは海鮮丼のランチというのが面白い。店主は和食の料理人歴30年。京都などで修業をした後に、因島へとUターンした。使用している魚は瀬戸内海産、野菜は潮風を受けて育った因島産。確かな腕と素材へのこだわりに脱帽だ。

地元民から愛される隠れ家ケーキ屋さん

まるひ商店《マルヒショウテン》

昭和レトロな雰囲気を漂わせる民家をプチリノベしたケーキ屋さん。毎日ケーキ10種、焼き菓子10種程度が店頭に並ぶ。島で手に入るフレッシュなフルーツをふんだんに使ったケーキは、見た目が可愛く、美味しさもバツグン。地元民ご用達の店だが、サイクリストが立ち寄ることも増えているそう。

広島県尾道市向東町2121
0848-31-2218　営10:00〜18:00
休水・木曜（祝日の場合は営業）
Pあり　西瀬戸自動車道向島ICから車で20分　MAP P.33 C-2

ケーキは店内で食べることもできる。「フルーツパフェ(486円)」、コーヒー・紅茶(各540円)はケーキとセットで100円引き

Little Kitchen Arumo《リトルキッチン　アルモ》

広島県尾道市瀬戸田林 20-8 ドルチェ敷地内　090-2866-7802
営10:30〜17:00（L.O.16:30）　休水曜　Pあり　西瀬戸自動車道因島北 IC から車で 10分、因島南 IC から車で 15分　MAP P.49 C-2

工夫を凝らしたメニューとあたたかいもてなしが魅了

パスタやピラフなど気軽に味わえるフードと、サイフォンで淹れるオリジナルブレンドコーヒーが人気。なかでも瀬戸田産レモンとエビの旨みたっぷりの「エビのレモンペッパー風味パスタ(980円)」はイチオシ。レモンの爽やかな香りとペッパーの刺激がやみつきになる。店頭のテラスはペットもOK。

ウクレレとフラダンスと甘いものが好きな店主夫妻。そんな自分たちの好きなものを集めたのが「WILLOWS NURSERY」。注文を受けてから焼くパンケーキが評判で、まろやかな「ココナッツクリーム(850円)」は絶品！目の前の立花海岸を見ながら、庭のテーブル席で味わえばハワイ気分にひたれる。

樹齢50年のカシの木の下で
潮風を感じながらカフェタイム

WILLOWS NURSERY《ウィローズ ナーサリー》

広島県尾道市向島町250-4　0848-51-7773
営11:00〜17:00(L.O.16:00)　休火・水曜
P あり　西瀬戸自動車向島ICから車で20分
MAP P.33 B-4

地元産レモンを使った「しまなみピンクレモネード(400円)」もぜひ。食事系のパンケーキもある

地元食材をふんだんに使用！
目移りしそうな品揃え

向島を愛する店主が、島の人を喜ばせたいと開いたパン屋さん。地産地消をモットーに、できる限り近辺で調達した素材を使用している。常時店頭に並ぶパンは40種以上。中でも土曜日限定の「窯出し食パン」は、行列ができるほどの人気だ。またパンだけではなくチーズケーキやジンジャエールも評判。

かぎしっぽ《かぎしっぽ》

広島県尾道市向島町 16058-25　0848-45-1881　営8:00〜売り切れまで、土曜 7:00〜売り切れまで　休日・月曜・火曜
P あり　西瀬戸自動車向島 IC から車で 20分　MAP P.33 B-2

ランチ&ディナーで楽しむ
しまなみのご馳走

目の前に広がる海、太陽の光をたっぷり浴びた畑、山の斜面に広がる柑橘農園はパントリーそのもの。旅人たちを魅了するしまなみのご馳走は、旬の新鮮な素材と料理人たちの感性がコラボレーションして生まれたものばかり。食べれば幸せな気分になれるはず。

写真／国貞誠、文／阿部美岐子

ランチ3,300円、ディナー 5,500円〜。ディナーはお客さまと相談し、メニューを組み立てる。写真は料理の一例

大三島に惚れ込んで移住したシェフの絶品フレンチ！

オーナーシェフは長年、大阪・東京の調理師専門学校のフランス料理の教員をし、フランスの三つ星レストランでも腕を磨いたという経歴の持ち主。大三島に惚れ込んで移住し、それまでの経験を生かして2021年に独立した。築90年の古民家をリノベし、しまなみ海道の食材を生かしたコース料理を提供している。

しまなみフレンチ Filer《シマナミフレンチ フィレール》

愛媛県今治市上浦町甘崎1572　0897-87-2344　営11:30〜15:00(L.O.14:00)※ランチは予約優先、ディナー1週間前までの完全予約制　休月・火曜、第3日曜　Pあり　西瀬戸自動車道大三島ICから車で5分　MAP P.59 D-3

単品800円に+300円〜ドリンク付きのセットになる。ドーナツや一品もあるから夜はアルコールとともに味わいたい

ガッツリとかぶりつきたいボリューム満点のサンド

大山祇神社の参道で、お茶屋さんを営んでいた建物をリノベーション。1階はカフェ&バル、2階はゲストハウス&コワーキングスペースとなっており、店名の通りにカフェの看板メニューはサンドイッチ。ローストポークと2種のチーズ、ピクルスが入った「キューバサンド」はボリュームがあり、食べ応え満点！

Co-Living&Café SANDO《コリビング アンド カフェ サンド》

愛媛県今治市大三島町宮浦5495-1　050-8882-0576
営10:00〜16:00(カフェ)、18:00〜22:00(バル)　休月・火曜
Pあり　西瀬戸自動車道大三島ICから車で15分　MAP P.59 B-3

鮨10,000円〜、鮨と造り15,000円〜、鮨と蒸し物、焼き物で20,000円〜。料理や予算については予約時に相談を（写真は鮨の一例）

食通が憧れてやまない 鮨と魚料理がここに

絶品の鮨と魚料理で、全国にその名を知られる名店。魚は大島の漁師が水槽で休ませてから神経締めと血抜きをしたものを使う。そうした極上の食材を的確な「仕事」を施して提供する主人の腕前も見事。何より魚に関する知識が深く、手を動かしながらも魚の話を披露してくれる。予約をして訪ねるべき店だ。

しまなみの魚介類を最高の状態で出します！

あか吉《あかきち》

愛媛県今治市伯方町北浦1203-8　0897-73-0627
営18:00〜22:00※完全予約制　休火曜　Pあり
西瀬戸自動車道伯方島ICから車で15分　MAP P.69 C-2

島を愛する人たちが 手づくりメニューでおもてなし

映日果《えいじっか》

愛媛県今治市宮窪町宮窪3543（石文化運動公園内）　0897-72-8400　営10:30〜14:30（L.O.13:30）月曜は予約のみ　休火・水曜
Pあり　西瀬戸自動車道大島北ICから車で5分、大島南ICから車で10分　MAP P.77 C-3

村上海賊のお膝元である大島に賑わいを生み出すべく、島人が中心となって活動するNPO法人「能島の里」が運営する食事処。人気はカレーにだしを加えアレンジしたものを自家製麺のうどんかけた「カレーうどん（650円）」など手づくりの軽食。えびみそにぎりが付いた写真のスペシャルメニューは1320円（要予約）。

皮ごとミンチにした新鮮な芝海老と麦味噌を合わせたえびみそ、黒いちじくのジャムなどのオリジナル商品も開発。

耕三寺門前にある 活気に満ちた老舗料理屋

地元の特産品である蛸やレモン、穴子を使った料理が味わえる店。天然穴子をふっくらと炙り焼きにし、先代から受け継いだたれをかけた「天然炙焼穴子重（2,300円）」、適度なコリコリ感を残しつつ柔らかく揚げた「瀬戸内産蛸の唐揚げ（1,500円）」などメニューは豊富。オリジナルのレモン鍋の素も購入可能。

老舗の味わいを守る大将。「二代三代ときてくださるお客さまも多い」とのこと

御食事処《おしょくじどころ》 ちどり《ちどり》

広島県尾道市瀬戸田町瀬戸田530-2　0845-27-0231　営11:00〜15:00（土・日曜・祝日は〜16:00）、18:00〜21:00　休火曜　P近隣に無料あり　西瀬戸自動車道生口島北ICから車で10分、生口島南ICから車で15分　MAP P.49 B-2

島の選りすぐりの食材で オリジナルな美味しさを

バルサミコソースで味わう「ランプ肉のコンフィー(1,200円)」や「牛スジの和風煮込み(780円)」などオリジナリティあふれる味わい

「パン屋Paysan」の息子さんが、東京での料理修業を経て島へUターン。2022年7月にオープンしたビストロ。瀬戸内育ちの魚介類や島の肉屋さんから仕入れた肉、島育ちの野菜や卵で、ジャンルにとらわれない美味を提供。昼はランチ、夜は「真鯛のソテー(1,800円)」など一品料理が充実している。

BISTRO《ビストロ》 Paysan《ペイザン》

愛媛県今治市吉海町南浦379
050-8884-8416 営11:00〜15:00(L.O.14:00)、17:00〜22:00(L.O.21:00) 休月〜木曜(営業の場合もあり) Pあり 西瀬戸自動車道大島北ICから車で15分、大島南ICから車で5分 MAP P.77 B-4

生地もチーズも焼き方も とことんこだわったピザ

カプートで仕込んだ自家製生地にイタリアントマトを丁寧に裏ごしして仕込んだソース、そしてドイツ産モッツァレラとオランダ産ゴーダをブレンドしたチーズ。オーナー夫妻が子どもを喜ばせようと、研究を重ねて生み出したピザが看板。溶岩石窯で一気に焼き上げるのも美味しさの秘密。「つばさスペシャル(1,540円)」は一番人気。

写真右の「新・はっさくパフェ(1,100円)」ははっさくとキラキラコンフィが見た目にも素敵

ピザカフェ《ピザカフェ》 つばさ《ツバサ》

広島県尾道市因島土生町1899-76 0845-22-7511 営11:00〜15:00、17:00〜22:00(日曜・祝日は11:00〜15:00のみ)(夜は早仕舞いもあり) 休不定休 Pなし
西瀬戸自動車道因島北ICから車で15分、因島南ICから車で15分 MAP P.41 C-5

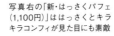

「大海老と海の幸のトマトクリームリゾット（1,500円）」は魚介の旨味と濃厚なトマトチーズソースが好相性。サラダ、ドリンク付き

気軽に楽しめる
名シェフの粋な味わい

料理人歴約45年、栃木県ではフレンチレストランを経営し、調理師専門学校の講師を務めていたオーナーシェフ。旅行で訪れた伯方島を気に入り、還暦を機に移住・開業した。カナダ・フランスでの料理人歴もあるという凄腕だが、しまなみの素材を使い、カジュアルに楽しめる料理を提供。ランチセットはドリンク付きで1,300円〜。

気軽に味わって
いただける
島のフレンチ
をどうぞ！

Cafe un fil《カフェ アン フィル》

愛媛県今治市伯方町叶浦甲1667-15　0897-72-8100
営 11:30〜15:00（L.O.14:00）、18:00〜21:00（L.O.20:00）
※できれば予約を　休 火曜（不定休あり）　P あり　西瀬戸自動車道伯方島ICから車で3分　MAP P.69 B-3

本格派インドカレーと
気さくなおもてなしを

因島生まれの店主ルリさんが、東京在住時にインド人シェフに学んだカレーをベースに、独自に研究を重ねて生み出したのがルリヲンのカレー。因島やしまなみ海道の素材&旬の食材をふんだんに使った、店主ルリの気まぐれカレーも楽しみ。おすすめはレギュラーカレー３種と牡蠣の白いカレーがかかった「カレー全部のっけ（1,500円）」。

「季節のラッシー（500円）」と気まぐれのケーキも美味しい！気さくな店主夫妻との会話も楽しみ

しまなみカレー ルリヲン《シマナミカレー ルリオン》

広島県尾道市因島土生町1899-106※2024年中に島内で移転の予定あり
050-5583-5146　営 11:30〜15:00、17:30〜22:00　休 月・火曜、不定休　P あり
西瀬戸自動車道因島北ICから車で15分、因島南ICから車で15分
MAP P.41 C-5

潮風を肌で感じつつ
五感で楽しむ美味の極み

道の駅にはレストランやファストフードもあるが、時間に余裕があるなら海鮮七輪バーベキューがイチオシ。鮮魚や貝、海老など好きな食材をチョイスし、七輪で焼いて熱々をパクリ。まさに五感で楽しむ料理なのだ。事前予約のセットメニューも種類豊富にあり、別注文で刺身などの調理にも対応してくれるのでぜひ。

写真提供／株式会社しまなみ

道具使用料は大人250円、小学生200円、幼児無料。セットメニューは1人前2,200円～(予約は2名以上)

写真提供／株式会社しまなみ

道の駅よしうみ いきいき館《みちのえきよしうみ いきいきかん》

愛媛県今治市吉海町名4520-2　0897-84-3710
営10:00～15:00(L.O.)※駅内施設により利用時間は異なる。また季節で変動あり　休1月1日　Pあり　西瀬戸自動車道大島北ICから車で20分、大島南ICから車で5分　MAP P.77 A-4

いろんな料理を一度に
味わえるオトナ向けのメニュー

海を見渡すマリーナの2階、絶好のロケーションとともに味わうのは「オトナのお子様ランチ(1,560円)」。国産牛のひき肉に尾道特産の生姜を隠し味にしたハンバーグ、いろんなおかず、デザートがワンプレートで盛りだくさんに楽しめる。朝は早めに宿をチェックアウトしたサイクリストにも好評の、モーニングメニューを用意。

モーモーキッチン《モーモーキッチン》

広島県尾道市向島町16058-191 2階
0848-38-2628　営7:00～11:00(モーニング)、11:30～14:00L.O.(ランチ)※予約制でディナー利用可、営業時間は季節で変更　休火曜(祝日の場合は翌日)　Pあり　西瀬戸自動車道向島ICから車で20分
MAP P.33 B-2

宮窪瀬戸を航行する潮流体験船。しまなみ海道周辺の潮流の激しさを体感することができる

日本遺産

村《む》上《かみ》海《かい》賊《ぞく》を旅する

文化庁が認定する「日本遺産」に、「〝日本最大の海賊〟の本拠地：芸予諸島」が認定された。以来しまなみ海道の景観や文化、営みから村上海賊の面影を探して旅する人が増えている。そもそも村上海賊とはどういった集団であったのか。村上海賊を知る上で絶対に訪ねたいスポットである「今治市村上海賊ミュージアム」の学芸員・田中謙さんに、村上海賊の魅力について語っていただいた。また同ミュージアムを旅の起点に、ゆかりの地にも案内する。

1

2

3

4

香川元太郎画・今治市村上海賊ミュージアム提供

村上海賊の魅力

激しく複雑な潮流を味方につけた日本最大の海賊

船に乗るより潮に乗れ。芸予諸島の漁師に伝わる村上海賊の教えだという。

大潮の時は3メートルを超す干満差があり、それによって生じる潮流の激しさ、複雑さは推して知るべし。この海で船を操るには、いかに経験が必要かということをわれわれに教えてくれる言葉だ。

「サイクリングの聖地」と呼ばれる瀬戸内しまなみ海道沿線の島々は、日本遺産に認定された「村上海賊」のストーリーの舞台である。村上海賊とは、因島（広島県尾道市）、能島（愛媛県今治市）、来島（同）にそれぞれ本拠を置いた三家からなり、14世紀半ばに歴史上に姿を現した。全盛期は16世紀。群雄が割拠する戦国時代である。とりわけ能島村上家は、宣教師ルイス・フロイスから「日本最大の海賊」と呼ばれるほど、現在の瀬戸内海で強大な勢力を有していた。

ロマンに満ちた海城は天然の要塞だった

小さな島や岬に築いた多くの城、海賊たちの信仰を集めた神社仏閣、受け継がれてきた海の文化や景観など、この地には村上海賊の記憶が色濃く残っている。なかでも多くの歴史ファンを魅了するのが能島村上家の海城、能島城跡（国指定史跡）だ。周囲約８５０メートルの能島と、約２５０メートルの鯛崎島全体を利用した全国的にも珍しい城であり、時に10ノット（時速約18キロ）にもなる激しい潮流が、船を寄せ付けることを拒むように周囲を取り巻く。「天然の要塞」とも称されるゆえんである。

ところで海賊と聞けばどのようなイメージを抱くだろうか。船や積荷の略奪を繰り返す無法者、あるいは財宝を求めて海原をかけめぐる冒険者……。つまり、カリブ海の「パイレーツ」の姿であろう。しかし、海賊の歴史文化は日本独自のものであり、パイレーツと重なることはできない。

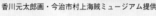

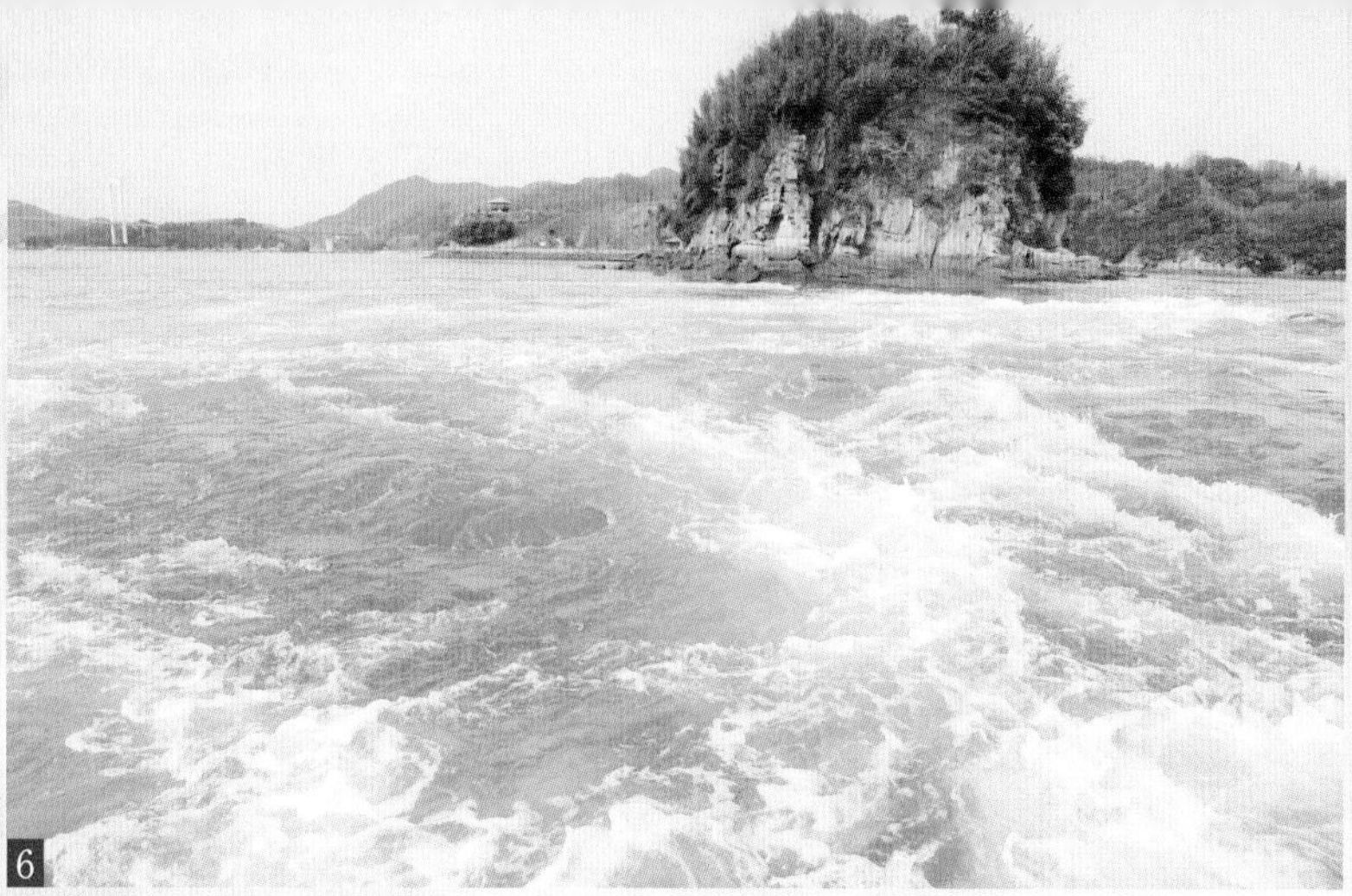

1 海辺に建てられた今治市立村上海賊ミュージアムの外観
2 ミュージアム常設展示室「海賊たちの活躍」コーナー
3 ミュージアム常設展示室「発掘海賊たちの遺跡」コーナー
4 連歌を詠む海賊たちの姿を描いた絵（香川元太郎画・今治市村上海賊ミュージアム提供）
5 展示品の一つ。村上武吉らが身にまとったとされる「能島村上家伝来猩々陣羽織」（しょうじょうじんばおり）
6 能島城跡の周辺に渦巻く激しい潮流。村上海賊の操船技術の高さがうかがえる
7 通行許可証（通所般旗）のイメージ

海上の秩序を守る役目を担っていた海賊たち

村上海賊は、自らのナワバリを通る船から通行料や警固料を徴収することを生業の一つとしているが、その見返りとして「上乗り」と呼ばれる水先案内を行うか、あるいは過所船旗と呼ばれる通行許可証を与えていた。陸の大名や商人、神主、宣教師など瀬戸内の海を通行する旅人たちは、海を知り尽くした「日本最大の海賊」村上家を恐れつつも頼りにし、彼らが主張する掟に従うことで航海の安全が保障されたのである。

ひとたび戦時になると、瀬戸の潮流で培った巧みな操船技術と「ほうろく火矢」と呼ばれる火薬を用いた武器を駆使して、織田信長方の船団にも勝利するなど、海上では無類の強さを誇った。そして、天下人や大名の海の勢力として戦うその姿から、後世には「水軍」と表現されるようになる。

文化にも精通していた海賊たちの素顔

当然かもしれないが、海賊たちは漁業者でもあった。能島城からは漁網につけるおもりが大量に出土し、牡蠣や大鯛などの新鮮な魚介類を陸の大名に献上したことを示す古文書も伝わる。「法楽焼」や「水軍鍋」は村上海賊時代から伝わる郷土料理とされており、豪快に盛られた海の幸に、海賊たちの食文化を垣間見ることができる。

また、城内では、香を聞き、茶を嗜みながら余暇を過ごす文化人でもあった。さらに、大三島の大山祇神社では連歌を詠み、それを奉納することで戦勝祈願も行った。文化や教養を備えた意外な一面もその魅力の一つと言える。

芸予諸島・瀬戸内しまなみ海道をめぐるとき、「海賊」と呼ばれた人々が必ずしもマイナスイメージで語られなかった時代があったことに気づくだろう。

（今治市村上海賊ミュージアム 学芸員 田中謙）

今治市村上海賊ミュージアム《いまばりしむらかみかいぞくみゅーじあむ》

愛媛県今治市宮窪町宮窪1285
0897-74-1065 営 9:00～17:00
休 月曜（祝日の場合、翌平日） ¥ 常設展示一般310円 P あり 西瀬戸自動車道大島北ICから車で5分、大島南ICから車で15分
MAP P.77 D-2

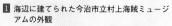

大潮の時の八幡渦には及ばないが、
轟々と唸りを上げる潮流の迫力が圧倒

船の上から眺める巨大な八幡渦で高い操船技術を知る

村上海賊たちが発展した大きな理由には、彼らの卓越した操船技術が存在すると考えられる。小さな島々が点在する瀬戸内海は、可航幅が狭く、複雑で早い潮流が入り乱れている。海賊たちはその地形や潮を知り尽くして、手漕ぎの小さな船で自在に駆け回った。彼らの「庭」である海を体感するなら、来島村上家の根拠地である海域を航行する「来島海峡急流観潮船」に乗船しよう。来島村上家の居城跡があり、島全体が急流に守られていることから天然の要塞と呼ばれる来島、戦国期に村上海賊の城となっていた中渡島などを海上から眺められる。大潮の際に出現するのは、直径10m以上にもなる巨大な八幡渦。乗船は道の駅「よしうみいきいき館」（P25）で受け付けており、観光シーズンは事前予約がおすすめ。

ライフジャケットを身につけ、
ガイドの案内を聞きながらクルーズ

日本一の海事都市である今治市の
造船所の様子も船上から一望

途中で来島海峡大橋の下をくぐる。
下から橋を見上げるのは貴重な体験

来島海峡急流観潮船《くるしまかいきょうきゅうりゅうかんちょうせん》

愛媛県今治市吉海町名4520-2 道の駅 よしうみいきいき館 0898-25-7338（平日）
営 10:00〜17:00 休 1/1 ※12〜2月は2名以上の予約のみ ¥ 乗船料一般1,800円 P あり
西瀬戸自動車道大島北ICから車で20分、大島南ICから車で5分 MAP P.77 A-4

国指定の史跡能島の大接近！海の難所を体感

能島村上家の根拠地であった能島は、周囲に最大10ノット（時速約18㎞）もの潮流が渦巻く。村上海賊ミュージアム（P29）前から出航している「潮流体験能島水軍」は、能島城跡から船折瀬戸、見近島、伯方・大島大橋というルートで、村上海賊の足跡をたどることができる。

能島は国指定の史跡であり、島全体を城郭化した全国的にも珍しい海城である。体験船は能島に近接し、船を繋ぐ施設などの痕跡である岩礁ピット（柱穴）を見ることができる。島の周囲には複雑で激しい潮流が取り巻いており、途中船のエンジンを切って、潮流をリアルに体験する。船を揺さぶるような潮の流れに、この海域を制圧していた村上海賊が、名だたる武将たちから一目置かれていたのも無理のないことだと感じるはずだ。

乗船時間は約40分。村上海賊の歴史ロマンを
とことん味わう

能島を間近に見ることができるのは、
この体験船の醍醐味

潮流体験《ちょうりゅうたいけんせん》 能島水軍《のしますいぐん》

愛媛県今治市宮窪町宮窪1293-2（村上海賊ミュージアム前） 0897-86-3323（能島水軍）
営 9:00〜16:30（最終受付16:00）※1時間毎に随時運航 休 月曜（祝日の場合翌日） ¥ 一般1,500円
P あり 西瀬戸自動車道大島北ICから車で5分、大島南ICから車で15分 MAP P.77 D-2

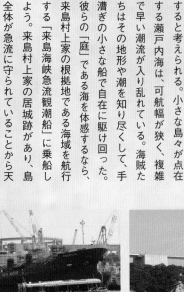

村上海賊の足跡めぐり

しまなみ海賊地図

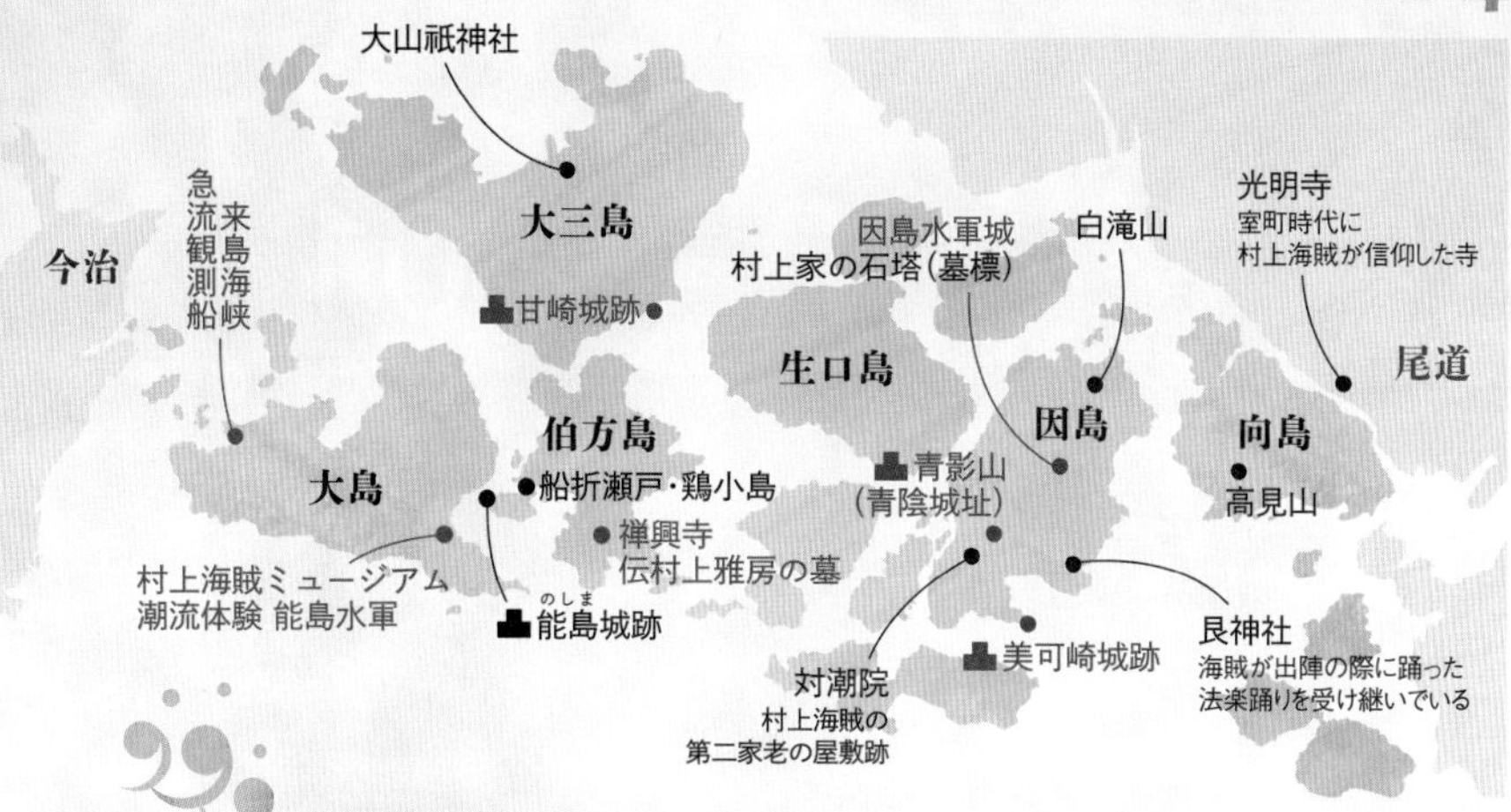

曹洞宗の寺院で、永享2年（1430）に、能島村上家の村上雅房が創建したといわれる。能島家代々の菩提寺として、村上一族から厚く信仰された。能島村上家が島を追われて以降、寺は衰退するが地元民らの尽力で再建された。

禅興寺《ぜんこうじ》

愛媛県今治市伯方町木浦甲3645
0897-72-0126 Pあり 西瀬戸自動車道伯方島ICから車で20分 MAP P.69 C-3

日本遺産「ストーリー＃036　日本最大の海賊の本拠地よみがえる村上海賊」に認定され、本丸には因島村上家が残したお宝等を展示している。春には地元の人たちが植樹した桜が、目を楽しませてくれている。

因島水軍城《いんのしますいぐんじょう》

広島県尾道市因島中庄町3228-2 0845-24-0936 営9:30～17:00 休木曜（祝日の場合開館） ¥常設展示一般330円 Pあり 西瀬戸自動車道因島北ICから車で5分、因島南ICから車で10分 MAP P.41 B-2

禅興寺から東に100mのところには、開基の村上雅房と妻を祀る墓がある。墓所には樹齢650年といわれる楠の老大樹があり、これは墓を建立した際に植えたと伝わっている。その堂々たる姿で、村上夫妻の墓標を守っているかのよう。

伝村上雅房の墓《でんむらかみまさふさのはか》

愛媛県今治市伯方町木浦甲3645 禅興寺
0897-72-0126 Pあり 西瀬戸自動車道伯方島ICから車で20分 MAP P.69 C-3

宝亀2年（771）、安芸国の中部瀬戸を守る海の関所が置かれたと伝えられている。さらに室町時代には、城郭が造られ、因島村上家の奉行を置き、備後灘を行く船から通行税を徴収していたそう。ベンチやお手洗いも整備されており、展望台としても人気だ。

美可崎城跡《みかざきじょうあと》

広島県尾道市因島三庄町
0845-26-6212（因島総合支所島おこし課） Pあり 西瀬戸自動車道因島北ICから車で15分、因島南ICから車で15分
MAP P.41 D-4

来島村上家の村上吉継の居城があり、後に今治藩主となった藤堂高虎が改修したといわれる城。4～7月にかけての大潮の日には、数時間だけ幅10～30mの砂浜が現れ、島へと渡れるときがある。

甘崎城跡《あまざきじょうあと》

愛媛県今治市上浦町の沖合
0897-87-3000（今治市上浦地域教育課）
MAP P.59 D-3

鎌倉時代末期から南北朝時代初頭に活躍した村上義弘が南朝勢力として居城したと伝えられ、のちに因島村上家により約260年間に渡り本拠地として使われたという。山頂付近の本丸跡や屋敷跡などの遺構までは、登山道が整備されている。

青影山（青陰城跡）《あおかげやま（あおかげじょうあと）》

広島県尾道市因島田熊町・中庄町
0845-26-6111（因島観光協会） P登山道入り口付近に1台程度 登山口まで、西瀬戸自動車道因島北ICから車で10分、因島南ICから車で10分 MAP P.41 B-3

SETO ISLAND

01/ 向島

mukaishima

新旧の魅力で満ちあふれた 周囲約28kmの小さな島

広島県尾道市とは、幅200～400mの尾道水道をはさんだ向かい側に位置する向島。西瀬戸自動車道（しまなみ海道）の一部である新尾道大橋と、1968年に開通した尾道大橋の2橋が架かっており、3本のフェリー航路も運航。本州側とのアクセスの良さが自慢。国の重要文化財「吉原家住宅」、趣のある寺社がある一方で、立花海岸周辺にはお洒落なカフェやショップが点在。爽快な景色とともにお店巡りを楽しむ人たちで賑わう。

向島と沖合に浮かぶ岩子島の間に架けられた向島大橋

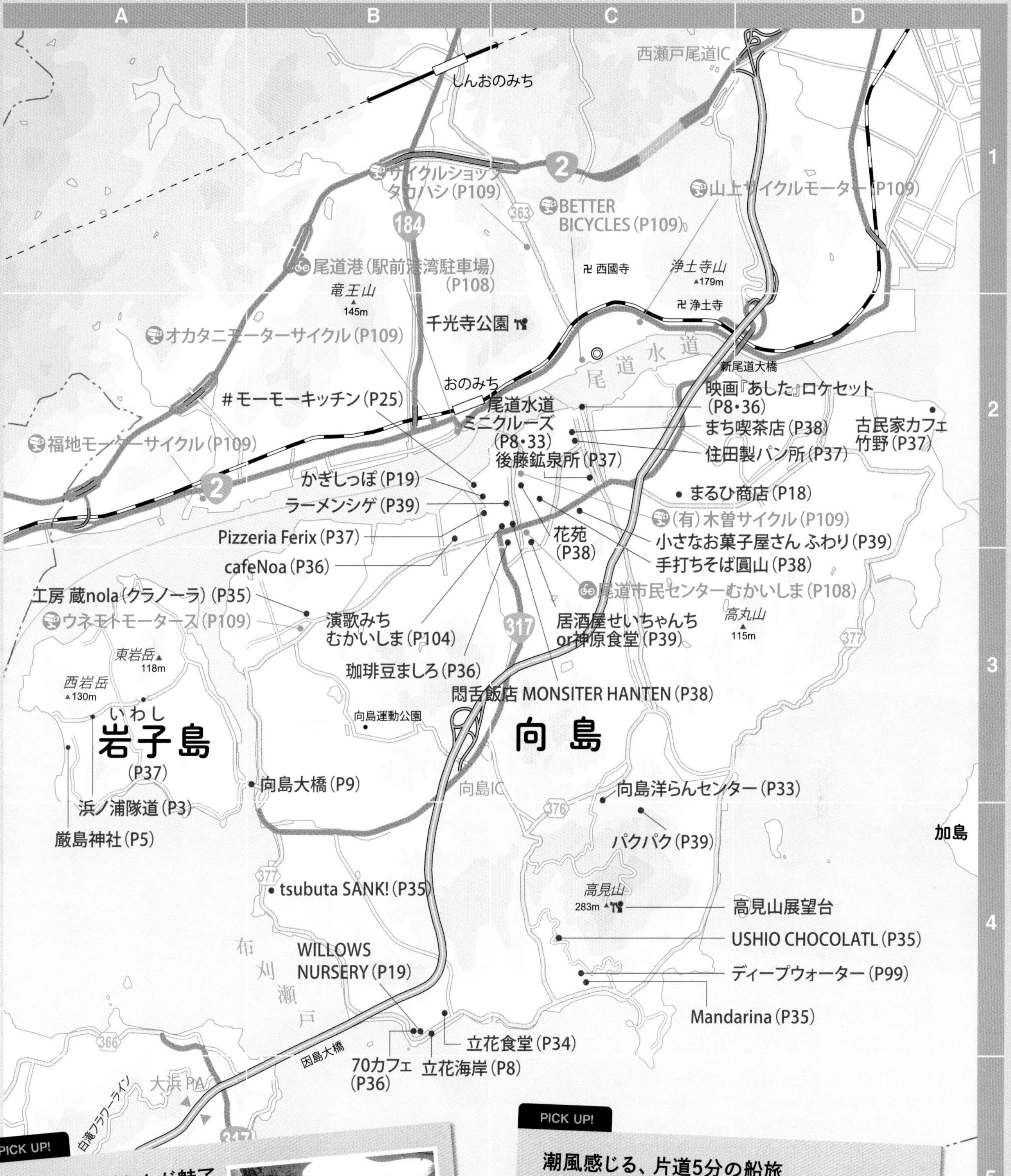

PICK UP!

色とりどりの洋らんが魅了 向島洋らんセンター

国立公園・高見山の麓にある、洋らんの栽培が盛んな向島ならではの名所。温暖な気候で栽培した胡蝶蘭やシンビジウムなどの多彩な洋らんを展示販売している。芝生広場もあり、家族で楽しめる施設だ。

PICK UP!

潮風感じる、片道5分の船旅 尾道水道ミニクルーズ

尾道から向島まで、距離にしてわずか300mの尾道水道を渡るミニクルーズはいかが？片道5分ほどだが、船上から見る尾道や向島、尾道大橋や新尾道大橋の景色も素敵。

レスキューポイント　レンタサイクルターミナル

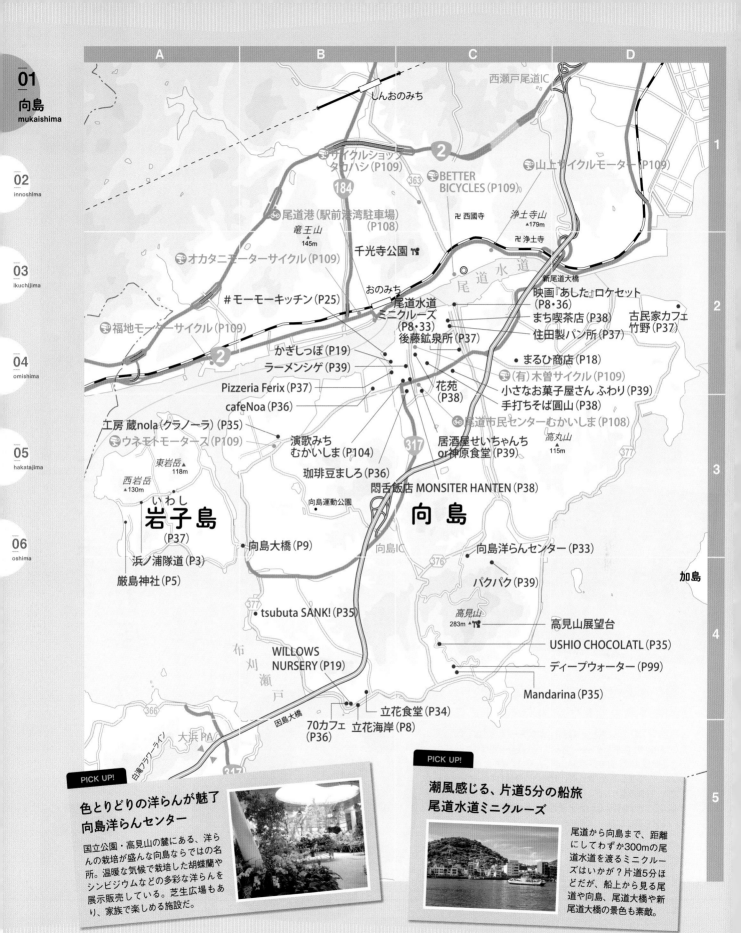

レトロが香る島の可愛いお店めぐり

尾道市から渡船であっという間に到着する向島は、ちょっぴりレトロな空気をまとった島。島内にはおしゃれで可愛いお店が点在しており、それらをめぐって歩くのも楽しいもの。美味しいもの、ステキなものを探してみよう。

気持ちの良い時間が流れる庭。向かって右側が立花食堂、左側がlife:style

life:styleの2Fでは衣類などの販売も

豊かな気持ちになる空間と時間を提供する食堂&セレクトショップ

瀬戸内の美しい景色と向島の澄んだ空気、それらを楽しむための健康的な食事と暮らしに寄り添った雑貨を提供している。立花食堂では、旬の野菜をつかった手づくりのお料理をワンプレートで楽しめる。また同じ敷地内に併設しているlife:styleでは、日常の暮らしがより豊かになるようなアイテムをセレクトし、ここでしか買えないお土産ものなども扱っている。前向きに毎日を過ごしていくためのヒントがたくさん。

立花食堂《たちばなしょくどう》

広島県尾道市向島町立花287-1
0848-36-5662（立花食堂）、0848-36-5661（life:style）
営 11:00～14:30（L.O.14:00）　休 火、水、木曜
P あり　西瀬戸自動車道向島ICから車で6分　MAP P.33 B-4

立花食堂のお昼ご飯

「立花食堂のお昼ご飯(1,100円)」。体に負担をかけないメニューを提供

最高のロケーションが楽しめる店舗

全国の作家さんに依頼しているパッケージも要チェック!

ホットチョコレート(500円)カフェ利用はお店を訪れたお客さんの特権

産地で味が変わる
チョコの奥深さを楽しんで!

オープンは2014年11月。移住者同士が出会い、3人で「USHIO CHOCOLATL」を立ち上げた。チョコレート作りのきっかけは、カカオ豆の産地によって、味が全く異なることに面白さを感じたことから。カカオ豆の買い付けから板チョコの成形、販売まで全て自分達でおこなう。カカオ豆と砂糖のみのビターチョコレートだけではなく、カシューナッツのミルクを使ったミルクチョコレートも製造販売しており、ビーガンにも喜ばれている。

USHIO CHOCOLATL《ウシオ チョコラトル》

広島県尾道市向島町立花2200　0848-36-6408
営10:00~17:00 (L.O. 16:30)　休火・水曜　Pあり
西瀬戸自動車道向島ICから車で20分　MAP P.33 C-4

毎朝手作りされるアイスが人気
早朝から賑わう向島のオアシス

旬の地元素材を使い毎朝手作りされるアイスクリームが人気。またカフェのある津部田(つぶた)をイメージしてブレンドされたコーヒーや焼きたての焼き菓子も揃う。しまなみ海道サイクリングロードを走るサイクリストや観光客はもちろん、地元客も朝から集う向島のオアシス的な役割を担っている。瀬戸内海を目の前にしたテラスで食べるアイスクリームは格別!

全6種類のアイスクリームが食べられる「グルメ」(1,000円)、オリジナルのtsubutaブレンドコーヒー(400円)

テラス席や店内からは美しい瀬戸内海が見える。夕日の時間帯もおすすめ

サイクリストや地元の方で大賑わい!オーナー夫妻も熱心なサイクリスト

tsubuta SANK!《ツブタ サンク》

広島県尾道市向島町15321-5　080-3596-1101
営カフェは7:00~日没まで(12~2月は8:30~)、アイスクリーム販売は10:00~売り切れ次第終了　休火、水、木曜(祝日の場合は営業)　Pあり　西瀬戸自動車道向島ICから車で3分　MAP P.33 B-4

ガーデンカフェのためトイレはないのでご注意を

地中海の世界観を楽しむ
アットホームなガーデンカフェ

フランスから移住した夫婦が、大好きな地中海沿岸の雰囲気をイメージしてオープンさせたガーデンカフェ。フランス人シェフのガブリエルさんはお菓子(200円~)を、奥様の恭子さんがランチ(1,350円)とドリンク(450円~)を担当する。夫婦ふたりで作り上げた庭には、海からの風や季節の花々を愛でる穏やかな時間が流れる。庭の奥には、エスプレッソカップやポーチなど南仏やイタリアから仕入れた雑貨を販売する小さなスペースも。

Mandarina《マンダリーナ》

広島県尾道市向島町立花2672-10　090-7734-4738
営11:00~16:00　休月~金曜(冬季の休業あり)　¥ランチプレート1,350円　Pあり　西瀬戸自動車道向島ICから車で7分　MAP P.33 C-4

味も歯ごたえもGOOD!
"身体と美容に良いグラノーラ"

玄米粉に三温糖、クランベリーやくるみなど、身体と美容に良い食材を使用したグラノーラが人気の工房 蔵 nola。ザクザクと歯ごたえがよく、よく噛んで食べるグラノーラは食べ応えも◎。食べた時に口いっぱいに広がる香ばしさの秘密は、炒った玄米を粉末にした玄米粉。そのままお菓子として、牛乳やヨーグルトをかけて召し上がれ。新たに発売されたチョコ味は、甘さ控えめで、バニラアイスのトッピングにもおすすめ。

プレーンのグラノーラは容量違いで2種。「180g(400円)」、「270g(570円)」

和モダンにリノベしたおしゃれな工房

工房 蔵 nola《コウボウ クラノラ》

広島県尾道市向島町10796-1
090-2094-1858　営10:00~17:00　休月・火・木・金曜　Pあり
西瀬戸自動車道向島ICから車で15分　MAP P.33 B-3

mukaishima

見どころ案内 向島編

誰でも映画の世界に入る気分になれちゃう

誰でも待合室として利用できるので、気軽に寄ってみて

大林宣彦監督の新尾道三部作の2作目となる映画「あした」で、呼子丸の連絡船待合所として使われたロケオープンセットを移築再生している。現在は、兼吉の市営バス停の待合所として利用され、中には使用された小物やパネルが展示。※中には入れないので注意

SPOT

映画『あした』ロケセット《エイガ アシタ ロケセット》

広島県尾道市向島町兼吉　0848-38-9184（尾道市産業部観光課）
営 見学自由（外からのみ）　P なし　西瀬戸自動車道向島ICから車で10分
MAP P.33 C-2

目の前に広がる海！最高のロケーションに癒される

「海を見ながらゆっくりと過ごしてほしい」という思いでオープンしたテイクアウト専門店の70CAFE。夏はかき氷に冬はホットサンドを提供している。また、月に1度、ランプを使ったスケボー教室の開催や島内のアーティストの作品を販売するイベントも開催。

爽やかなドリンク「ゆずスカッシュ（400円）」と「ブルースカッシュ（400円）」

FOOD

70カフェ《ナナマルカフェ》

広島県尾道市向島町立花197-1　営 11:00〜16:00、11:00〜15:00（12月、1月）　休 水・日曜・祝日　¥ かき氷（500円〜）、ホットサンド（600円）
P なし　西瀬戸自動車道向島ICから車で7分　MAP P.33 B-4

一口でトリコになるふわふわスフレが人気

2019年にスフレ専門店としてオープン。現在は、スフレを中心に軽食、ランチ（火・金曜のみ）営業も行っている。オーガニック中心の、身体に優しい素材を使ったメニューを提供。スフレはどんどん萎んでいくので、運ばれてきたらすぐに召し上がれ！

オレンジで可愛らしい外観が目印

定番のバニラスフレ（800円、ドリンクセット+300円）

FOOD

cafeNoa《カフェノア》

広島県尾道市向島町5584-22　090-9731-5248　営 9:00〜17:00
休 水・木曜　P あり　西瀬戸自動車道向島ICから車で5分　MAP P.33B-2

もっと手軽にカジュアルに！たくさんの人に珈琲を届けたい

自家焙煎の本格派から、手軽に淹れられるティーパック型の珈琲まで、さまざまな人のライフスタイルに寄り添った珈琲を提案。ノンカフェインの商品もあり、妊婦さんや小さなお子さん、年配の方といった幅広い層に支持されている。おしゃれなギフト商品も要チェック！

店内へは靴を脱いで入店。木の温もりが感じられる暖かい雰囲気が特徴的

SHOP

珈琲豆ましろ《コーヒーマメ マシロ》

広島県尾道市向島町5557-17　0848-29-9078　営 10:00〜18:00
休 月・木曜　P あり　西瀬戸自動車道向島ICから車で7分　MAP P.33 C-2

プシュッと栓を抜いてゴクゴク ノスタルジックな空間も楽しんで

昭和5年創業の歴史ある製造所

昭和5年に看板を掲げ、2021年から4代目の兄妹でお店を切り盛りしている。創業当時から変わらぬ製法で作られるビン入りジュース（270円～）は、もはやこのビンを製造しているところがないため持ち帰りできないが、替わりにテイクアウト（350円～）できる新商品も登場！

おすすめのテイクアウト商品の「怪獣レモンソーダ（450円）」

SHOP

後藤鉱泉所《ゴトウコウセンショ》

広島県尾道市向島町755-2　0848-44-1768　営8:30～17:30　休水曜（季節によって変動あり）　Pあり　西瀬戸自動車道向島ICから車で7分　MAP P.33 C-2

イタリアの伝統的な味に舌鼓 本物のナポリピッツァを召し上がれ

まずはコレ！ 看板メニューの「マルゲリータ（1,500円）」

伝統的なナポリピッツァを提供するお店のみ加盟が許される「真のナポリピッツァ協会」認定店。イタリア製の真の薪窯で焼かれた、絶品ピッツァが食べられる。イタリア産の食材を中心に、地元の生産者から仕入れた食材など、地産地消を意識したピッツァを提供している。

FOOD

Pizzeria Felix《ピッツェリア フェリックス》

広島県尾道市向島町5548-39　0848-29-9115　営11:30～15:00（金・土・日曜は 11:30～15:00、17:30～22:00）休水・木曜　Pあり　西瀬戸自動車道向島ICから車で7分　MAP P.33 B-2

大正5年創業のパン屋 変わらない定番の味

揚げパンに上白糖をまぶしている「ネジパン」。つい何個も食べてしまいそう

小麦粉、牛乳、砂糖、ショートニング、パン酵母、食塩で製造しており、イーストフードや乳化剤等の添加剤は使用していない。昔ながらのパンが多く、一番人気の「ネジパン」は、戦後すぐに販売が開始された。ネットでお取り寄せもできる。

SHOP

住田製パン所《スミダセイパンショ》

広島県尾道市向島町24-1　0848-44-0628　営6:00～19:30　休無休　Pあり　西瀬戸自動車道向島ICから車で7分　MAP P.33 C-2

1日1組限定！ 身体が喜ぶ ヘルシーな食事を古民家で

築100年以上の古民家を移築

小鉢がたくさん並んだメニューは特に女性に人気

明治時代に建てられた古民家を移築し、2019年にオープンしたカフェ。管理栄養士のオーナーが手がける食事は、栄養面はもちろん、安全で安心な素材にこだわった一品ばかり。1日1組限定（5名まで）。のんびりゆっくり食事を楽しむことができる。完全予約制。

FOOD

古民家カフェ《コミンカカフェ》 竹野《タケノ》

広島県尾道市向東町歌晴美団地12391-2　080-6322-4751　営12:00～16:00　休不定休　Pなし　西瀬戸自動車道向島ICから車で16分　MAP P.33 D-2

創業10年 よりおいしくなった十割そば専門店

元高校教員だった店主が退職後、そばの魅力を伝えるべく開業。自慢は、越前産を使用した石臼挽きの十割そば。鹿児島産のかつお節を贅沢に使ったツユと、向島産の青ネギでいただく、シンプルだが奥深い味にリピーターが多い。

石臼挽きされたそばは、香り、味、食感が良い

FOOD

手打ちそば《テウチソバ》 圓山《マルヤマ》

広島県尾道市向島町5534-14 0848-44-2398 営11:30～14:00 休月・金曜（祝・祭日は営業し、別日に振替休業） Pあり 西瀬戸自動車道向島ICから車で10分 MAP P.33 C-2

「日替わりランチ」は小鉢やサラダ、フルーツなどがセットになっている

素敵なママさんの笑顔に癒されながら一休み

昭和レトロな喫茶店。軽食に加えて「日替わりランチ（700円）」などの定食メニューが味わえる。土・日曜・祝日は1日中モーニングが注文できるので、のんびりとした朝を過ごすのにおススメ。カウンター席もあるので、1人でもふらっと立ち寄りやすい。

FOOD

まち喫茶店《マチキッサテン》

広島県尾道市向島兼吉15-5 0848-44-2454 営8:00～17:00（土・日曜、祝日は～15:00） 休木曜 Pあり 西瀬戸自動車道向島ICから車で10分 MAP P.33 C-2

モーニングは、ミニサラダ、トースト、ゆで卵、ヤクルトが付く

渡船乗り場からふらっと寄れるレトロな喫茶店

昭和50年創業のレトロな喫茶店。創業時から変わらないインテリアは、どこか懐かしさを感じさせる。渡船所から近く、しまなみ海道サイクリングに出発する前の朝ごはんにも最適。「モーニングセット（ドリンク代+100円）」が1日中注文できるのもうれしい。

FOOD

花苑《カエン》

広島県尾道市向島町5525-2 0848-44-1416 営7:00～18:00 休不定休 Pあり 西瀬戸自動車道向島ICから車で5分 MAP P.33 C-2

気さくな店主と開発? みんなが作る裏メニュー

「モンスターハンター」が好きな店長が作ったラーメン店。典型的な尾道ラーメンから変わり種まで迷うほどにメニューがある。時間によっては、要望に合わせた裏メニューもオーダーできるかも?スープとの相性を考えて生み出された特注麺もこだわりの一つ。

「酸辣湯麺」はすっぱ辛い独特の美味しさで人気メニューの一つ

FOOD

悶舌飯店《モンシターハンテン》 MONSITER HUNTEN

広島県尾道市向島町5543-6 0848-38-1455 営11:00～14:00・18:00～20:30（ラストオーダー20:00） 休火曜の14:00～、水曜 Pあり 西瀬戸自動車道向島ICから車で6分 MAP P.33 C-2

心をこめて焼き上げる 上品で洗練されたお菓子たち

真心込めたケーキはお祝い事にぴったり。ぜひ、相談を

東京の世田谷にて、洋菓子店の経験を積んだ夫婦が営む洋菓子店。尾道の特産であるイチジクなど地元のフルーツを取り入れた生ケーキを中心に、「西洋栗のモンブラン」や焼き菓子など、甘さひかえめで本格的な洋菓子が並ぶ。お祝いなどにはホールケーキも人気！

SHOP
小さなお菓子屋さん ふわり《チイサナオカシヤサン フワリ》

広島県尾道市向島町891-2　0848-29-8860　営10:00～16:00
休月・火曜　Pあり　尾道渡船尾道行きフェリー乗場から徒歩12分、西瀬戸自動車道向島ICから車で5分　MAP P.33 C-2

向島のワケギがラーメンにどっさり

長年、料理人としての経験を持つ店主が営むラーメン店。ネギの代わりに向島特産のワケギを入れた「向島ラーメン（820円）」が名物。ワケギには健康効果やシワを予防してくれる効果がある。一品料理も豊富で、ラーメンと合わせて注文もできる。

朱色の暖簾が目印。気さくな店主とおしゃべりする常連客も多い

FOOD
ラーメンシゲ

広島県尾道市向島町5547-1　0848-45-3141
営11:00～15:00、17:00～20:00　休火曜　Pあり　西瀬戸自動車道向島ICから車で6分　MAP P.33 C-2

昼の定食、夜の居酒屋メニューで 店主の「魚愛」を味わい尽くす

地魚のアラを使って煮込んだ地魚白湯スープを使った「鍋（1,328円）」や「肉吸い（858円）」が人気の居酒屋。昼は「日替わりランチ（1,080円）」や「地魚船盛定食（2,880円）」が味わえる定食屋として営業。昼・夜ともに店主の「魚愛」が込められた味が魅了する。ラーメンや地魚のネット販売も要チェック。

FOOD
居酒屋せいちゃんちor神原食堂《イザガヤセイチャンチ オア カンバラショクドウ》

広島県尾道市向島町田尻5423　0848-44-2258　営11:30～14:00、17:00～24:00　休月曜　Pあり　西瀬戸自動車道道向島ICから車で5分
MAP P.33 C-2

洋らんセンターで出会う ここでしか食べられないカレー

「野菜たっぷりビーフカレー（950円）」はスパイシーで癖になる味

フレンチ、イタリアン、創作料理などの経験を積んだ店主がオープンしたカレー店。本格洋風カレーはスパイスの辛さがほどよく優しく、何度も通いたくなる味。テラス席で緑を眺めながらゆったりと食べるカレーの味は格別だ。

FOOD
パクパク

広島県尾道市向島町3090-1 向島洋らんセンター　0848-44-8808
営10:00～17:00（悪天時変更あり、売切れ次第終了）休火曜（祝日の場合翌日）
Pあり　西瀬戸自動車道向島ICから車で6分　MAP P.33 C-4

SETO ISLAND

02

因島

innoshima

パワースポット巡りも グルメ探訪も楽しみな島

瀬戸内海のほぼ中央に位置しており、中世には村上海賊（因島村上家）の拠点になった島。因島大橋で向島と、生口橋で生口島とつながっており、土生港や重井港、長崎桟橋などの各港からはゆめしま海道の島々とを結ぶフェリーが運航している。「いんおこ」の愛称で知られるお好み焼き、この地で誕生したといわれるハッサクのスイーツ等ご当地グルメも楽しみ。白滝山や因島八十八ヶ所札所巡りなどのパワースポットも変わらぬ人気だ。

因島アメニティ公園にある恐竜ザウルくんは大迫力

PICK UP!

弘法大師の伝説から誕生 因島八十八ヶ所札所巡り

弘法大師が因島へ渡られたという伝説から、島民の奉仕により島四国が設けられた。巡拝路程は約84km。3日ほどで一巡できる。旧暦の3月21日（お接待の日）をはじめ、島人のあたたかい心に触れながら巡拝したい。

PICK UP!

眼下には瀬戸内の大パノラマ 石仏が並ぶ神秘的な白滝山

かつて修験者の修行の場だった標高226mの白滝山。江戸時代後期に五百羅漢が刻まれ、仁王門から山頂まで大小約700体の石像仏群がズラリと並ぶ。山頂展望台から望む360度の眺望も見事。

鮮やかなコテさばきは必見！
因島鉄板グルメ

ぶらり歩けばソースの香り。名物の"いんおこ"を提供するお好み焼き店がたくさんある因島で、人気カレー店「ルリヲン」を営む店主夫妻がいきつけの店を厳選してご紹介！

大きな鉄板を囲んでハフハフ！
女将さんの笑顔にもほっこり

人情味あふれる因島土生商店街にある老舗。おすすめは「お好み肉玉（650円・うどんまたはそば入り）」、麺が2玉になる「肉玉大（800円）」は、ボリューム満点だが油をひかずあっさり焼いているからペロリと食べられる

5人ほどで満員になる小さな店ながら、笑顔いっぱいの二代目女将が、工夫を凝らした焼き方でファンを魅了している。最大の特徴は創業当時から使っている厚さ13mmの鉄板で、油をひかずにお好み焼きを焼くこと。またノシイカを入れるのもこの店ならでは。さらに"いんおこ"に欠かせない魚粉は、2度に分けてたっぷり入れる。目の前で手早く焼いてくれるので、熱々をいただこう。

お好み焼き 越智

広島県尾道市因島土生町塩浜北区1902-3
0845-22-0932　営11:00～17:00
休 木曜　P あり　西瀬戸自動車道因島北ICから車で20分、因島南ICから車で10分　MAP P.41 C-5

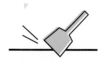

定番もオリジナルも美味しい 食後の嬉しいサービスもあり

辛いものが好きな人は、辛口ソースを試してみて!生麺使用のそば入りも人気です

食後にはサイフォンで淹れた本格的なコーヒーを無料サービス。専門店さながらの美味しい一杯と優しい心遣いに、お腹だけじゃなく心も満たされる

黄色の暖簾が目印で、ゆったり広めのスペースが心地よい店。定番も間違いのない美味しさだけど、肉・玉子・チーズにどっさりとネギをかけた「島っこスペシャル(800円・うどんまたはそば入り)」はこの店ならではのオリジナルメニュー。またちょっとリッチな「因島村上海賊焼き(1,500円)」は、「海戦」に引っ掛けて「海鮮」入りとなっている。食後には嬉しいコーヒーサービスもあり。

新天地

広島県尾道市因島土生町1899　0845-22-1819
営11:30〜17:00　休火曜・第3日曜　Pなし　西瀬戸自動車道因島北ICから車で20分、因島南ICから車で10分　MAP P.41 C-5

子ども連れに嬉しい座敷もあり 地元民が気軽にお腹を満たす店

自宅の一角を店舗にしているこの店は、昭和レトロな雰囲気で若い人にも人気。小ぢんまりとした店内には鉄板を囲むカウンターと座敷があり、常連さんたちが和気あいあいと会話を交わしている。女将さんのコテさばきも鮮やかで、見とれている間にきれいに焼きあがる。うどんまたはそば入りの「お好み焼き」は、驚きのワンコイン(500円)〜。因島の名物をリーズナブルに味わおう。

お好み焼き 米ちゃん

広島県尾道市因島田熊町2491-10
0845-22-3049
営11:00〜15:00
休日曜　Pあり
西瀬戸自動車道因島北ICから車で20分、因島南ICから車で10分
MAP P.41 B-4

ソースはほんのりピリ辛風味。一番人気の「お好み焼き(玉子・豚肉・うどんまたはそば入り)」は600円。持ち帰りもできる(パック代 40円)

植物用万田酵素のパワーで強く美しく咲き誇る花々

ショップやカフェを備えたHAKKOゲート

島の自然に癒されながら発酵を学べるテーマパーク

発酵のふしぎや万田酵素のヒミツに迫る工場見学のガイドツアーをはじめ、植物用万田酵素を与えて育てた野菜や果物、季節の花々が美しいガーデン、カフェなどがあり、一日楽しめる。併設のショップでは定番の万田酵素から人気の甘酒、化粧品など多彩な商品が揃う。

SPOT

HAKKOパーク《ハッコウパーク》（万田発酵《マンダハッコウ》）

広島県尾道市因島重井町5800-95　0120-85-1589（お客様サービス室）営10:00～17:00　休水曜（祝日の場合営業）　¥入館無料　Pあり
西瀬戸自動車道因島北ICから車で10分、因島南ICから車で10分　MAP P.41 A-2

酒粕と塩麹を練り込んだ味噌煮込みハンバーグがメインの「HAKKOランチプレート（1,100円）」

鉄板の前に立ち、手際よく焼き上げる京子さん

「海賊焼き（1,300円）」。記念に旗を持って帰る人も多い

吉本隆さん、京子さん夫妻の営むお店、だからT&K

カウンターでおしゃべりを楽しむのもおすすめ

お母さんの愛情たっぷり体にやさしい「いんおこ」

油を全く使わずじっくり焼き上げるお好み焼きは、胃にもたれることなく最後までペロリといけちゃうのが特長だ。大ぶりのエビやタコをトッピングした「因島村上海賊焼き」をはじめ、唐辛子を練り込んだ辛麺がヤミツキになる「辛辛めん」もお試しあれ！

FOOD

お好み焼き《オコノミヤキ》 T&K《ティーアンドケイ》

広島県尾道市因島中庄町2509-7　0845-24-0389　営11:00～14:00、17:00～19:00　休木曜、日曜・祝日の夜　¥因島村上海賊焼き1,300円、辛辛めん650円　Pあり　西瀬戸自動車道因島北ICから車で8分、因島南ICから車で5分　MAP P.41 B-3

因島大橋のたもとにある美しい白砂のビーチ

透明度の高い白砂のビーチで海水浴

因島大橋の近くにある海浜公園「因島アメニティ公園」に隣接する海水浴場。瀬戸内海の島々や行き交う船を眺めながら、海水浴やのんびり散歩を楽しみたい。海開きのシーズンにはシャワーやロッカー、更衣室、海の家などの施設が利用できる。

芝生の公園に突如現れる白い恐竜

遊歩道も整備されており、散歩を楽しむ地域の人々も

SPOT

しまなみビーチ大浜《シマナミビーチオオハマ》

広島県尾道市因島大浜町57　0845-26-6212（因島総合支所しまおこし課）　Pあり　MAP P.41 B-1

和・洋・中なんでも揃う 街のファミリーレストラン

「穴子の一本揚げ天丼」(1,980円)は5月～8月頃までの提供。限定メニューのため事前予約が確実

2022年に創業50年を迎えた昔ながらのレストラン。和食、洋食、中華それぞれの定食や一品メニューが一通り揃うので、親子三世代で訪れてもみんな満足！ 夏は「穴子の一本揚げ定食」、冬は生ガキを使ったカキフライなど、島ならではの美味も味わえる。

カウンターにテーブル、座敷まであり、収容人数は約40名

FOOD
レストラン みつばち

広島県尾道市因島重井町2234-3 0845-25-1388 営10:30～15:00、17:00～21:00 休月曜（祝日の場合翌日） Pあり 西瀬戸自動車道因島北ICから車で1分、因島南ICから車で10分 MAP P.41 B-2

老若男女に愛される創業半世紀の老舗中華

かつて造船所の男たちの胃袋を満たしてきた中華料理店が、2020年3月にリニューアル。新店舗は女性一人でも気軽に来店できる明るい雰囲気。辛さが選べる「台湾ラーメン」や「四川麻婆豆腐」など、味、ボリューム共に申し分なしの本格中華を手頃に味わえるのがうれしい。

創業半世紀を控え、モダンな佇まいに生まれ変わった

「台湾ラーメン(803円)」。辛さが1倍から5倍まであり、1倍追加ごとに＋20円

FOOD
西華園《セイカエン》

広島県尾道市因島土生町2089-7 0845-22-6862 営11:30～22:00 休木曜 ¥四川麻婆豆腐1,078円 Pあり 西瀬戸自動車道因島北ICから車で15分、因島南ICから車で10分 MAP P.41 C-5

食・文化・アート… 海がつなぐ物語を感じて

カウンターで注文をしたら、靴を脱いで好きな席へ

左から夕陽、海、星空。好きな色のクリームソーダを選んで

海側から見た外観。一面ガラス張りの店内からの眺めは格別

リビングでお気に入りの絵本を読むような、穏やかな時間が流れる

しまなみビーチに誕生した絵本ブックカフェ。約950冊の絵本を常設した館内で、季節限定のカフェメニューやフードを楽しめる。海に親しんで接することのできるイベントも随時開催しているので、最新情報はInstagramでチェック！

FOOD
渚の交番SEA BRIDGE《ナギサノコウバン シーブリッジ》

広島県尾道市因島大浜町87-1 0845-24-1212 営10:00～17:00 休水・木曜（祝日の場合は営業） Pあり（因島アメニティ公園内） 西瀬戸自動車道因島北ICから車で10分、因島南ICから車で20分 MAP P.41 B-1

因島公園から眺める、夕暮れの瀬戸内海

多島美を望める公園
島を代表するビュースポット

瀬戸内海の多島美を一望できる

因島の南に位置する標高207mの天狗山一体に整備された公園。頂上の展望台から臨む、穏やかな瀬戸内海に点在する島々の情景はまるで箱庭のよう。特に夕日は「広島県景観会議 景観づくり大賞」の最優秀賞に輝くほど素晴らしく、因島の最も残したい風景の一つだ。

SPOT

因島公園《インノシマコウエン》

広島県尾道市因島土生町　0845-26-6111（因島観光協会）　営 園内自由
P あり　西瀬戸自動車道因島北ICから車で15分、因島南ICから車で15分
MAP P.41 C-5

碁聖と仰がれた
天才棋士
本因坊秀策を知る

本因坊秀策の生まれ育った因島外浦町に開館

常設展示「秀策展示室」

見取り図をもとに復元された秀策の生家

幕末に活躍し、囲碁における近代の布石の基礎を築いた史上最強の棋士・本因坊秀策の故郷で、その偉業や生涯、人柄などに触れることができる。愛用の碁盤や碁石などの貴重な展示品は必見。また囲碁の歴史や文化にまつわる展示や企画展も随時開催。

SPOT

本因坊秀策囲碁記念館《ホンインボウシュウサクイゴキネンカン》

広島県尾道市因島外浦町121-1　0845-24-3715　営 10:00～17:00
休 火曜　¥ 大人310円　P あり　西瀬戸自動車道因島北ICから車で7分、因島南ICから車で12分　MAP P.41 C-2

ヴォーリズ建築の館で
ゆっくりのんびりタイムトリップ

白滝山登山口付近にある高台の洋館

昭和6年（1931）にアメリカ人建築家・ヴォーリズの設計で建てられた、文化庁登録有形文化財指定の洋館に滞在するという贅沢。4室だけの小さな宿で、日常から少し離れ憩いのひと時を過ごそう。夕食は海の幸を中心とした会席料理が味わえる。

STAY

いんのしまペンション白滝山荘《インノシマペンション シラタキサンソウ》

広島県尾道市因島重井町1233　0845-25-0068
営 IN15:00、OUT10:00　¥ 1泊2食付11,000円～　P あり
西瀬戸自動車道因島北ICから車で5分、因島南ICから車で15分　MAP P.41 B-1

眺望と瀬戸内の美味に大満足のオーベルジュ

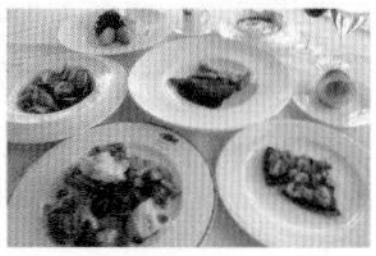

料理長が腕を振るう、季節に応じたコース料理

因島村上水軍の出城であった長崎城跡地の高台に建つ、ロケーション抜群のホテル。新鮮な魚介など旬の味わいたっぷりの創作料理「欧風瀬戸内料理」が自慢で、ディナーはもちろんランチの日帰り利用から気軽に堪能できる。

STAY

ナティーク城山《ナティークシロヤマ》

広島県尾道市因島土生町2254-6　0845-26-0046　営 IN15:00、OUT11:00　¥ 1泊2食付18,150円～　P あり　西瀬戸自動車道因島北ICから車で20分、因島南ICから車で10分　MAP P.41 C-5

果実をごろっと包んだ大福
季節限定商品も楽しみ！

「はっさく大福（200円）」「ぶどう甘夏大福（250円）」「まるごとみかん大福（250円）」

看板商品の「はっさく大福（10月中旬～8月中旬）」や、「ぶどう甘夏（10月～11月頃）」、「まるごとみかん大福（10月～2月頃）」など、地元で育ったフルーツを使った大福を手作り。因島大橋を臨む店内にセルフサービスのコーヒー（無料）が用意されているのもうれしい。

FOOD

はっさく屋《ハッサクヤ》

広島県尾道市因島大浜町246-1　0845-24-0715　営 8:30～17:00（なくなり次第終了）休 月・火曜（祝日は営業）、8月下旬頃～9月は休み　P あり
西瀬戸自動車道因島北ICから車で10分、因島南ICから車で15分　MAP P.41 C-1

サイクリストのオアシスは
多島美と橋を眺める特等席

はっさくの果実とホワイトチョコでつくる「はっさくのガトーショコラ（500円）」

生口橋サイクリングロードの入り口にあり、サイクリストが休憩に立ち寄るカフェ。オーダーを受けてから一杯ずつ丁寧に淹れるコーヒーや手作りケーキ、夏は地元の果物を使ったかき氷も人気。そして何より、カフェから眺める生口橋や岩城橋の景色は癒しに満ちている。

FOOD

カフェテラス菜のはな《カフェテラス ナノハナ》

広島県尾道市因島田熊町4701-2　0845-25-6787　営 8:30～18:00
休 月曜、第3火曜（祝日の場合は翌日）P あり　西瀬戸自動車道因島北ICから車で10分、因島南ICから車で1分　MAP P.41 B-4

はっさく＆カフェオレ大福は因島土産の定番！

因島産のはっさくの実を、白あんとともに求肥で包んだ「はっさく大福(220円)」は、10月〜7月下旬の期間限定。上品な甘さのコーヒーあんと生クリームがマッチした「カフェオレ大福(220円)」も好評。

一つ一つ手作業で作られている大福は地方発送も可

SHOP

菓子処《カシドコロ》 中島《ナカジマ》

広島県尾道市因島重井町2260-18　0845-25-0107　営9:30〜17:30　休日曜、不定休（GW、お盆、年末は営業）　Pあり　西瀬戸自動車道因島北ICから車で3分、因島南ICから車で10分　MAP P.41 B-2

まるで和食店のようにゆったり落ち着いた店

小上がりの座敷などもあり、ゆっくり落ち着いた雰囲気の和食店のような店構えのお好み焼き店。
熱々の鉄板でいただくお好み焼きは、広島風と関西風から選ぶことができる。おすすめは看板メニューの「広島風みかんの花スペシャル(1,500円)」。

イカとエビ、ホタテがふんだんに使われていて、食べ応え満点!

FOOD

みかんの花《ミカンノハナ》

広島県尾道市因島土町1460-2　0845-22-9211　営11:30〜14:00、17:00〜LO20:40　休火曜・第3水曜　Pあり　西瀬戸自動車道因島北ICから車で15分、因島南ICから車で10分　MAP P.41 C-4

大正10年創業の老舗 カフェコーナーでほっこり

因島銘菓「島そだち」をはじめ、年間約150種類の和洋菓子を製造販売。「れもんケーキ(240円)」など、柑橘を使ったものも多彩。店内外のカフェコーナーでは、八朔ママレード入りのソフトクリームや、冬限定の特製ぜんざいなどが味わえる。

「島そだち(125円)」は創業以来のロングセラー

レモンやはっさくを使った焼き菓子はお土産にも大人気

FOOD

松愛堂《ショウアイドウ》中庄店《ナカノショウテン》

広島県尾道市因島中庄町678-1　0845-24-3900
営9:00〜19:30　休木曜（イベント時・月末などは営業）
Pあり　西瀬戸自動車道因島北ICから車で2分、因島南ICから車で5分　MAP P.41 B-3

花と緑の憩いの公園でゆったりくつろぐ

白滝山の麓に広がる植物公園で、花壇と芝生広場が無料で開放されており、地元の人の交流の場としても親しまれている。花壇に植えられた様々な種類の花や豊かな緑を季節ごとに楽しめるので、しまなみサイクリングやドライブの寄り道にもおすすめ。

色とりどりの花が咲く花壇に心が和む

因島のイメージキャラクターのはっさくん(2022年4月撮影)

SPOT

尾道市因島フラワーセンター《オノミチシインノシマフラワーセンター》

広島県尾道市因島重井町1182-1　0845-26-6212（尾道市因島総合支所しまおこし課）　営9:00〜17:00　休火曜（祝日の場合は翌日）
Pあり　西瀬戸自動車道因島北ICから車で5分、因島南ICから車で10分
MAP P.41 B-1

魚介豊富な パスタが人気の 古民家レストラン

イチ押しは新鮮な魚介が自慢の海賊スパゲティ(1,200円)

因島の女傑「麻生イト」さんの旧居である昭和初期の住宅を改装した古民家レストラン。地元の野菜や海の幸などをふんだんに使用し、豊富なメニューがある洋風家庭料理のお店。シーフードドリア(1,200円)や手作りスイーツも人気。

FOOD

ペーパームーン

広島県尾道市因島土庄町1905　0845-22-5858　営11:00〜15:00、17:30〜21:30　休火曜　Pあり　西瀬戸自動車道因島北ICから車で15分、因島南ICから車で10分　MAP P.41 C-5

瀬戸内ブランド認定の「はっさくピール15g(194円)」。贈答用バージョンの「HASSAKU PEEL(734円)」はおもてなしセレクション金賞受賞

八朔発祥の島生まれの爽やかな工房

島のはっさくやレモンなどを使ったスイーツ工房。一番人気の「はっさくピール」、ピールを生地に加えた「はっさくケーキ(250円)」も人気。商品はフレスタ因島店、大浜PA（上り・下り）などで購入できる。

SHOP

しまなみお菓子工房《シマナミオカシコウボウ》

広島県尾道市因島中庄町4175-6　0845-24-0480
MAP フレスタ因島店 P.41 C-2

SETO ISLAND

03

生口島

ikuchijima

お楽しみが盛りだくさん
レモンとアートの島歩き

柑橘栽培が盛んで、レモンの出荷量日本一を誇る生口島。ぶらり歩きたいのは、耕三寺の門前から瀬戸田港へと伸びる「しおまち商店街」。長年愛されてきた老舗から気軽に立ち寄れるカフェ、素敵な宿まで、個性豊かな施設が並んでいる。お土産は瀬戸田レモンのスイーツがおすすめ。食べ比べをしてお気に入りを探しては？島全体にアート作品が点在する「島ごとミュージアム」や「平山郁夫美術館」などアートを楽しむのもいい。

「島ごとミュージアム」の作品の1つ。作品は全部で17ある

PICK UP!

生口島の風景と現代アートのコラボ

島内随所で見られる、屋外展示「島ごと美術館」の作品群。作家自ら設置場所を選び、そのロケーションに呼応する現代アートを表現している。全部17作品を見つけてみよう。

PICK UP!

潮風と太陽の恵みを受けて一面のレモン畑が広がる

多々羅大橋のたもとに広がる、一面のレモン畑。レモン谷と呼ばれ、初夏はレモンの花、夏から秋にかけては緑色の実、冬から春にかけては黄色く熟したレモンが実る。

レスキューポイント　レンタサイクルターミナル

しおまち企画の小林亮大さんがリコメンド

新旧のスポットがミックスした
しおまち商店街の歩き方

「昔ながらのお店と新しいお店がミックスしたしおまち商店街は、最高に面白いストリート」としおまち企画の小林亮大さん。ソイル瀬戸田を拠点に新しい旅の物語を提案している小林さんは、昔ながらの店にも敬愛を抱いている。そんな小林さんがおすすめするしおまち商店街のスポットをご紹介。

「Minatoya」のランチカフェやディナーの利用もOK!

人、美味、体験などいろんな出会いの場となる複合施設

どこからかレモンの香りがする商店街を、端から端までゆっくり歩いてほしいですね!

しおまち企画
小林亮大さん

「SOIL Setoda」は、今注目の複合施設。築140年の蔵をリノベーションした「KURA」には、アクティビティカウンターやコーヒー焙煎所、しまなみの良いものを集めたセレクトショップがある。道を挟んで向かい側の「LIVING」1階はレストラン「Minatoya」とラウンジ、2階はスモールホテル(1泊2,500円～)。生口島に惚れ込んだ小林さんがプロデュースした施設は、島の交流拠点として地元民からも愛されている。

01 SOIL Setoda《ソイル セトダ》(ソイル瀬戸田)

広島県尾道市瀬戸田町瀬戸田254-2
宿泊予約はhttps://soilis.co/reservation/
※詳細データはP54へ　MAP P.49 B-2

皮まで美味しい自然農法レモンなど島の柑橘の魅力をギュッと濃縮

「Remon.Lab」の営業は土・日曜を基本に金・月曜は不定期。シェアキッチンの予定などインスタグラムをチェック。体験ワークショップも受付中(1週間前までに要予約)

生口島の柑橘農家と地域プロジェクトに関わっているビジネスパーソンがタッグを組んで始めた「Remon.Lab」。レモンなど自然農法で栽培した島の柑橘の魅力を直接伝えるべく2022年春に店舗をオープンした。約20種の柑橘、柑橘を活用した加工品の販売のほか、「レモンはちみつ(400円)」などを提供するカフェ営業もしている。店内にはシェアキッチンがあり、シェアカフェやイベントなどいろんな活用がされているのでそちらも楽しみに。

02 Remon.Lab《レモンラボ》

広島県尾道市瀬戸田町瀬戸田284-3
070-8425-7548 営10:00～17:00(バー営業日もあり) 休火～木曜(不定期)
P近隣に無料あり HP https://www.instagram.com/remon.lab/ 西瀬戸自動車道生口島北ICから車で10分、生口島南ICから車で15分 MAP P.49 B-3

創業から60年以上愛される新鮮な穴子料理の名店

今や貴重品となった瀬戸内産の穴子を味わえるのがここ。ふっくらとした焼き加減、先代から受け継いだ秘伝の特製ダレなど名店ならではの技が美味しさの秘密。また新鮮な穴子でしか作れない刺身は、あらかじめ電話で問い合わせを。このほか穴子たっぷりの箱寿司、太巻きなども人気で、テイクアウトにも対応している。ゆったりとした店内にはカウンター席とテーブル席、座敷などを用意。

「穴子重(2,300円)」は、小鉢や味噌汁付き

04 瀬戸の味処《セトノアジドコロ》 わか葉《ワカバ》

広島県尾道市瀬戸田町瀬戸田520-1 0845-27-0170
営11:00～15:00、17:00～22:00(夜は予約制) 休火曜(祝日は営業) Pあり 西瀬戸自動車道生口島北ICから車で10分、生口島南ICから車で10分 MAP P.49 B-2

自家農園で栽培した柑橘をドリンクやスイーツでどうぞ

原料の柑橘は契約農家が栽培したもの。除草剤を使わっていないのがこだわり。アパレル、グッズなどサイクリング用品も充実

10年前、趣味のサイクリングを楽しむためにしまなみ海道を訪問したオーナー。以来、しまなみ通いを続け、「気づけば関東と生口島の2拠点生活です」と笑う。店にはオリジナルのサイクリング用品を並べ、島の柑橘を使ったカフェメニューを味わうスペースも。人気は自家製の「島のレモンマフィン(400円)」、「レモネード(600円)」。フレッシュフルーツを使ったパフェは、旬の時期のみの限定。

03 café《カフェ》 VIA《ヴァイア》 shimanami《シマナミ》

広島県尾道市瀬戸田町瀬戸田426-1
080-4373-4355 営9:00～17:00
休火～木曜、臨時休業あり P近隣に無料あり 西瀬戸自動車道生口島北ICから車で10分、生口島南ICから車で15分 MAP P.49 B-3

島時間へチェックイン

しまなみの島々でも宿泊施設が充実している生口島に、新しい施設が続々とオープン。島時間をゆったり楽しめる工夫を凝らしたおもてなしをぜひ体感して！

明治時代初期に建てられた豪商の邸宅を、建物がもつ趣や格を尊重しながら建築家・三浦史朗がリノベーション。

瀬戸田の魅力を味わいながらラグジュアリーを体感する

世界的なホテリエであるエイドリアン・ゼッカ氏が手がけた初の旅館。塩田業で栄えた瀬戸田の豪商・堀内邸を改修した棟と新築棟からなる。築140年の邸宅の監修は、京都を拠点に活躍している三浦史朗氏による。サンセットクルーズなど地域を楽しめるアクティビティを多数紹介している。さらに滞在中は、目の前の姉妹施設でもある大衆浴場「yubune」に何度でも入浴可能。しおまち商店街の入り口に位置しており、島の名所巡りや商店街を歩くのも◎。プライベート感は確保しつつも、おこもりステイでは味わえない、地域との交流で旅が深まる、新しいステイ感覚が味わえる。

Azumi Setoda アズミ セトダ

広島県尾道市瀬戸田町瀬戸田269
0845-23-7911 営IN16:00・OUT12:00
休なし ¥大人2名利用で 1泊 朝食付き 88,330円～
Pあり 西瀬戸自動車道生口島北ICから車で10分、西瀬戸自動車道生口島南ICから車で15分
MAP P.49 B-2

島の魅力を体感するアクティビティプログラムも充実している

しっとりとした佇まいは感動的ですらある。夕食は半径 50km 以内で調達した食材で作るのがルール。丁寧に仕込んだ朝食も贅沢な気分に

長期で楽しみたい 暮らしの中にある旅

リーズナブルな料金なので長期滞在もおすすめ

「生活するように旅をする」がコンセプト。「NEST（ネスト）」とは渡鳥の意味で、世界一周旅行の経験のあるオーナー夫妻が、旅人にとって定期的に訪れてくれるようなゲストハウスでありたいと願い運営している。しおまち商店街に近い立地から、夕食などは商店街を利用する宿泊客も多く、地域の人との交流も盛んに行われている。居心地の良い雰囲気のラウンジは、旅人たちの憩いの場。アメニティーが充実しているのも嬉しいポイント。

島宿NEST シマヤドネスト

広島県尾道市瀬戸田町瀬戸田134　080-4550-2062
営 IN14:00・OUT10:00　休 なし　¥ 1泊4,000円～　P あり
西瀬戸自動車道生口島北ICから車で10分、西瀬戸自動道生口島南ICから車で15分　MAP P.49 B-2

地元客も観光客も一緒に 楽しめる大衆浴場&宿泊施設

和モダンテイストの14室の客室は全室禁煙

大衆浴場と宿泊施設を併設したyubuneは、しおまち商店街の入り口に位置しており、宿泊客だけではなく地元客も多く入浴に訪れる。日替わりで男湯と女湯が入れ替わるため、宿泊客は、宿泊した当日と翌日で2パターンの湯船が楽しめる。もちろん1日に何度でも入浴可能！2階のラウンジでは、不定期で地元の人たちとコラボしたイベントも開催。地元の人たちと交流をしながら、活動的で穏やかな時間を過ごすことができる。

yubune ユブネ

広島県尾道市瀬戸田町瀬戸田269　0845-23-7911
営 7:00～22:00、日帰り入浴は10:00～20:00　休 なし　¥ 宿泊料金：大人2名 1泊 朝食付き 34,002円～、入浴料金：宿泊客無料、900円（土・日曜、祝日は1,200円）　P あり　西瀬戸自動車道生口島北ICから車で10分、西瀬戸自動車道生口島南ICから車で15分　MAP P.49 B-2

見どころ案内 生口島編

地元の食材を使ったディナー「MINATOYAコース(6,000円)」

Overview Coffeeの豆を使用した「アイスカフェラテ(540円)」

朝食から夕食まで瀬戸田の旬が味わえる

宿・観光案内所・コーヒー豆焙煎所といろいろな面を持ち合わせた、SOILsetoda内にあるカフェレストラン。地元の農家や漁師から仕入れた食材を存分に味わうことのできる「MINATOYAコース」(6,000円)は、特におすすめ。

FOOD

MINATOYA《ミナトヤ》

広島県尾道市瀬戸田町瀬戸田257　0845-25-6511　営8:00～16:00、18:00～21:00　休なし　Pあり　西瀬戸自動車道生口島北ICから車で10分、西瀬戸自動車生口島南ICから車で15分　MAP P.49 B-2

入館してすぐに目に飛び込んでくるのは、平山の出世作である「仏教伝来」の陶版画

幼年期の作品も多く所蔵 生口島で平山アートに出会う

瀬戸田町出身の日本画家　平山郁夫の美術館。平山は、「私の原点は瀬戸内海の風景である」と生涯を通じて語っていた。少年時代の絵日記や2001年の「絲綢の路　パミール高原を行く」まで、さまざまな年代の作品に出会うことができる。

SPOT

平山郁夫美術館《ヒラヤマイクオビジュツカン》

広島県尾道市瀬戸田町沢200-2　0845-27-3800　営9:00～17:00(入館は16:30)　休なし　¥一般1,000円　Pあり　西瀬戸自動車道生口島北ICから車で15分、西瀬戸自動車生口島南ICから車で20分　MAP P.49 B-2

地元のレモンを使った 風味豊かなレモンケーキ

瀬戸田のレモンの良さを伝えたいと開発されたレモンケーキ(250円)。レモンの皮を生地に使うことで、レモン感を香りいっぱい口いっぱいに楽しむことができる。生地から焼き上げた、焼きたてのケーキが食べられるのは本店のみ！

焼きたてレモンケーキとレモン丸ごと1個を使ったレモンスカッシュ(500円)

黄色いお城のような建物が目印!

FOOD

島ごころSETODA《シマゴコロセトダ》

広島県尾道市瀬戸田町沢209-32　0845-27-0353　営10:00～18:00　休なし　Pあり　西瀬戸自動車道生口島北ICから車で15分、西瀬戸自動車道生口島南ICから車で20分　MAP P.49 B-2

瀬戸田で続く 100年の歴史 老舗の饅頭店

瀬戸田エコレモンを生地に練り込み、さらにレモンチョコのコーティングで口どけなめらか

明治42年創業の老舗饅頭店。人気商品「みしま饅頭」は、明治、大正、昭和、平成、令和と受け継がれてきた看板商品。毎日出来立てしか販売していないので売り切れ注意。昔懐かしい「れもんケーキ」は昭和62年の販売以来多くの人から愛されている。

SHOP

みしまや瀬戸田《ミシマヤセトダ》

広島県尾道市瀬戸田町沢209-17　0845-27-0156　営7:00～18:00
休火曜　¥みしま饅頭（130円）、れもんケーキ（200円）　Pあり
西瀬戸自動車道生口島北ICから車で15分、生口島南ICから車で20分
MAP P.49 B-2

安心安全な食材にこだわった イタリアンピッツァ専門店

佐賀県産の小麦「春風」に伯方の粗塩、さらにはイタリアからの直輸入のチーズなど産地が明らかな食材を使うことで、食の安全に配慮している。店主自らが製作した石窯で焼き上げたピザは、外はパリッと中はモチモチの食感が楽しめる。季節のフルーツを使ったデザートも人気。

一番人気で、定番のマルゲリータ（972円）

FOOD

pizzeria&Bar リン《ピッツェリアバールリン》

広島県尾道市瀬戸田町中野407-12　0845-25-6822　営11:00～15:00、17:00～19:00（土曜は21:00）　休火曜　Pあり　西瀬戸自動車道生口島北ICから車で10分、西瀬戸自動車道南生口島南ICから車で10分　MAP P.49 B-2

甘めのタレに柔らかい鶏肉 数量限定の ローストチキン

足はそのままガブリと、手羽は好みにより食べやすい大きさにカットしてくれる

皮はパリッ、身はふっくらジューシーに焼き上げた「ローストチキン（手羽400円、足400円）」。先代から受け継いた醤油ベースのタレに、冷凍は使わないこだわりの鶏肉が美味しさの秘密。数量限定のため、予約しておくのもおススメ。

SHOP

玉木商店《タマキショウテン》

広島県尾道市瀬戸田町瀬戸田511　0845-27-0239　営9:00～18:00（無くなり次第終了）　休火曜　Pあり　西瀬戸自動車道生口島北ICから車で11分、生口島南ICから車で15分　MAP P.49 B-2

ありそうでなかった？ すっぱいレモンケーキ

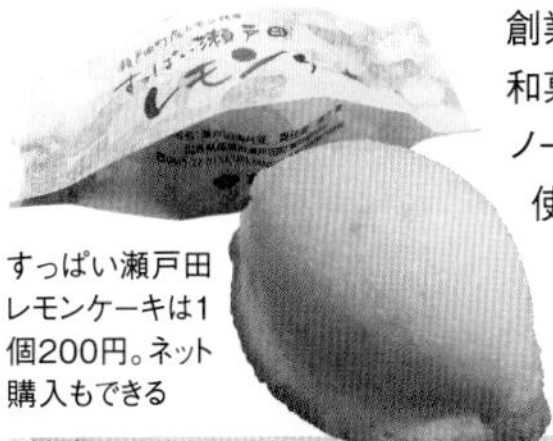

すっぱい瀬戸田レモンケーキは1個200円。ネット購入もできる

創業半世紀を超える菓子舗。ケーキから和菓子まであり、目移りしてしまいそう。ノーワックス、防腐剤、防カビ剤、一切不使用で特別農産物に認証された、安心して皮までまるごと食べられるレモンを使用した「すっぱい瀬戸田レモンケーキ」が人気。

SHOP

瀬戸田 梅月堂《セトダ バイゲツドウ》

広島県尾道市瀬戸田町瀬戸田546　0845-27-0132　営8:30～16:00　休木曜　Pあり　西瀬戸自動車道生口島北ICから車で10分、生口島南ICから車で10分　MAP P.49 B-2

圧巻の建造物!!
15棟の登録文化財が林立

昭和11年より初代住職の耕三寺耕三が自身の母の菩提寺として、30年あまりの歳月をかけて建立した。堂塔など、登録文化財に登録されている建物が15棟も！さらに、敷地内にある大理石庭園「未来心の丘」には、映えスポットとして多くの人が訪れる。

圧倒的存在感の「孝養門」

イタリアで活躍する杭谷一東氏により設計・制作された「未来心の丘」

宇治平等院鳳凰堂を模した「本堂」

SPOT

コウザンジハクブツカン
耕三寺博物館

広島県尾道市瀬戸田町瀬戸田553-2　0845-27-0800　営9:00～17:00　休なし　¥一般1,400円　Pあり　西瀬戸自動車道生口島北ICから車で10分、西瀬戸自動車生口島南ICから車で15分　MAP P.49 B-2

地元の食材を使った料理にファンも多い

サイクリストが集う 海に面した 小さなお宿

目の前の海からは、美しい朝日や朝焼けが望める

穏やかな瀬戸内海を眺められるサイクリスト専用のお宿。食事には、生きたまま生簀に入れられた鮮魚が提供され、朝〆したあこうの煮魚が特に人気。ロケーションはもちろん、料理にも定評があり、4部屋6名が定員と小さな宿ながらも県外からのリピータも多い。

STAY

チイサナオヤドリンク(リンク)
ちいさな お宿Link (輪空)

広島県尾道市瀬戸田町宮原2317-10　0845-28-0633　営IN16:00・OUT9:00　休なし　¥1泊2食付き13,200円～　Pあり　西瀬戸自動車道生口島北ICから車で10分、西瀬戸自動車道生口島南ICから車で10分　MAP P.49 C-4

愛すべきソウルフード
たこ焼きで地元のタコを食す

できあがりを待つ人の行列ができることもある、地元の人気店

生口島周回道路沿いにあるたこ焼き屋。瀬戸田名物のタコを独自の下ごしらえを施してプリプリなのに柔らかい食感に。「たこ焼き」や「お好み焼き」でその美味しさを確認して。タコの入荷がある時のみ味わえる「たこ天」に出会えたらラッキー。予約がオススメ。

FOOD

ミナミタコヤキ
ミナミたこ焼き

広島県尾道市瀬戸田町沢209-1　0845-27-2576　営10:00～15:00（土・日曜、祝日は～17:00）　休月・木曜　Pあり　西瀬戸自動車道生口島北ICから車で10分、生口島南ICから車で10分　MAP P.49 B-2

瀬戸田レモンをふんだんに取り入れたスイーツがおすすめ

パッケージを開けるとレモンがほどよく香り、食欲をそそる

「瀬戸田レモンケーキ」はレモンのすりおろし果皮と手搾り果汁をたっぷりと使用したバターケーキに、レモンチョコをコートした爽やかな美味しさで人気。贈答用には箱入りがおススメで、用途に応じて5個・10個・15個が用意されている。

SHOP

クレメント

広島県尾道市瀬戸田町中野405-14　0845-27-1331　営9:00～19:00　休不定休　Pあり　西瀬戸自動車道生口島北ICから車で10分、生口島南ICから車で15分　MAP P.49 B-3

かつて塩田で働く「浜子」を支えた、味噌ベースの土鍋料理

郷土料理「浜子鍋」は瀬戸の恵みが盛りだくさん

塩田で働く人たちが食べていた「浜子鍋（1,800円）」をオーダーできる店。地元で採れた野菜と、鯛やエビ、貝類などを味噌焼きにする料理で、この店では現代風の味にアレンジ。「たこ飯定食（1,350円）」などタコ料理も多彩に揃う。

FOOD

瀬戸の味 万作《セトノアジマンサク》

広島県尾道市瀬戸田町瀬戸田530-1　0845-27-3028　営11:00～15:00（夜は予約のみ営業）　休木曜　Pなし　西瀬戸自動車道生口島北ICから車で10分、生口島南ICから車で10分　MAP P.49 B-2

昔懐かしいお菓子が並ぶ三代続くお菓子屋さん

ロングセラーのおまんじゅうから、洋菓子まで多彩に揃う。観光客の土産には、レモンの果汁を使った生地をレモンチョコレートでコーティングした「レモンケーキ」が人気。地元客に絶大な人気を誇る「ロールカステラ」は、ふんわりとした食感がやみつきに。

生口島のしおまち商店街で創業したのは明治時代だという老舗

レモンケーキ1個170円。お土産用には箱入りもおすすめ

SHOP

向栄堂《コウエイドウ》

広島県尾道市瀬戸田町瀬戸田229　0845-27-0134　営7:00～16:00　休木曜　Pなし　西瀬戸自動車道生口島北ICから車で10分、生口島南ICから車で10分　MAP P.49 B-2

手軽に食べられるので休憩するのにぴったり

しおまち商店街の名物ポテトとビーフのベストマッチ

テレビが何度も取材にくる、しおまち商店街にある有名な精肉店。出演回数はなんと100回超え！サクサクとした衣の「ビーフコロッケ（100円）」は、ずっしりと重く大きめでボリューム満点。塩コショウをきかせており、そのまま食べても美味しい。

SHOP

岡哲商店《オカテツショウテン》

広島県尾道市瀬戸田町瀬戸田517-4　0845-27-0568　営9:00～18:00（売り切れ次第終了）　休不定休　Pあり　西瀬戸自動車道生口島北ICから車で10分、生口島南ICから車で10分　MAP P.49 B-2

SETO ISLAND

04

大三島

omishima

神様にご挨拶をした後は ショップ巡りにアート探訪

愛媛県の最北に位置する大三島は、山の神・海の神・戦いの神として信仰されている大山祇神社があることから「神の島」とも呼ばれている。神社のある宮浦地区は土産物屋や飲食店が集中しており、近年は新しい店も続々とオープン。さらには島のあちらこちらにも個性的なショップが点在。それらを訪ね歩く観光客も多い。島内には現代アートや建築など、それぞれテーマ性をもった4つのミュージアムがあり、アート巡りも楽しめる。

多々羅しまなみ公園にある「サイクリストの聖地」のオブジェ

PICK UP!

大三島随一のビューポイント 道の駅 多々羅しまなみ公園

世界有数の斜張橋・多々羅大橋を望む道の駅。新鮮な魚介類や農作物を使った料理を味わえるレストランや特産品センター、地元の新鮮野菜や柑橘、海産物が並ぶ直売所でのショッピングも楽しい! ☎0897-87-3866

PICK UP!

故郷を愛した書道家の作品にふれる

大三島出身の書道家・村上三島の作品約900点、著名な現代書道家の作品・絵画など約4000点を収蔵。村上三島が筆を置くまでのアトリエ「藍野山館(らんやさんかん)」の移設再現コーナーにも注目を。

☎0897-87-4288

レスキューポイント　レンタサイクルターミナル

1 神門

大三島

瀬戸内海の歴史を語る

大山祇神社《おおやまづみじんじゃ》探訪

写真／国貞誠

全国にある山祇神社や三島神社総本社である「大山祇神社」は、古くから信仰を集める名社。山の神様・海の神様である大山積神（おおやまづみのかみ）を御祭神として祀っており、戦いの神様としても信仰されたことから、源氏をはじめ多くの武将が戦勝を祈願して武具を奉納した。そのため宝物館には、国宝や国の重要文化財の指定を受けた武具の約8割が保存展示されている。たくさんの歴史的な見どころがあり、ご利益を求めて参拝する人で賑わう「大山祇神社」の魅力を、大三島出身の歴ドル・美甘子さんが語る。

1. 二の鳥居と同じく松平定長公が奉納したものであったが、平成28年（2016）に353年ぶりの建て替えが行われた。

2. 大山祇神社は元亨２年（1322）に大火に見舞われた。本殿など各社殿、総門はこの時に焼失してしまう。本殿などは順次再建されたが、総門は平成22年（2010）に古図を参考にして688年ぶりに再建された。総檜造り、二層構え、銅板葺きの屋根をもつ立派なもの。

2 総門

4 国宝館

3. 三間社流造り、桧皮葺き、丹塗りの美しい本殿。応永34年（1427）頃の建築とされている拝殿と同時期に再建された。

4. 名だたる武将らから奉納された貴重な品々を収めた「大山祇神社宝物館（国宝館と紫陽殿）」。

5. こちらも見逃せない「海事博物館」。

3 本殿

5 海事博物館

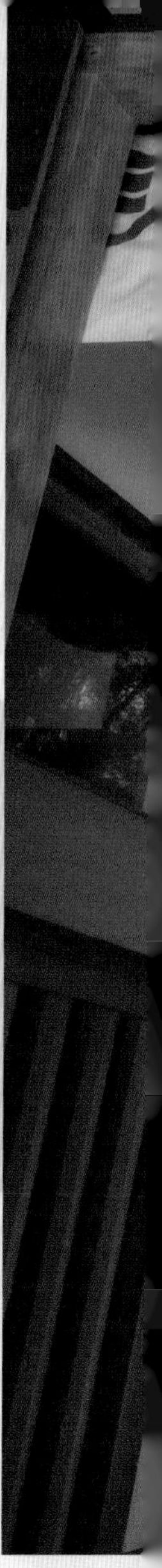

日本すべての氏神様は最高のパワースポット

歴ドル　美甘子さん

大三島出身。坂本龍馬など歴史上の人物をこよなく愛する歴史アイドル。http://mikako.chu.jp/

私の愛する故郷・大三島。その中でもやはり特別な想いがあるのは、日本総鎮守の「大山祇神社」です。私は現在、東京で暮らしていますが、帰郷する度に参拝しています。自宅の神棚にも大山祇神社のお札を祀っており、東京にいてもたくさんのパワーをいただいています。私は小学生の頃、地元の歴史を調べる郷土クラブに所属し、郷土歴史家の木村三千人《きむらみちと》先生ご指導のもと、大三島の歴史について学んだり、石垣や神社に奉納されている絵馬を見に行ったり、許可を頂いて境内から出土した縄文土器や弥生土器の破片を拾い集めて復元したりと活発な活動をしておりました。

三千人先生の教えで印象的だったのが、この神社がなぜ「日本総鎮守＝日本すべての氏神様」とされているのかというお話です。三千人先生がご神格について考えていたある朝、いつものように大山祇神社を参拝した際、本殿の屋根の中央から登る太陽を見ることができたそうです。その時の写真が、三千人先生の著書『鏡と矛』の表紙にもなっているのですが、本殿の中央に一直線に降り注ぐ太陽の光が非常に神々しくて、まさに「日本（ひのもと）の神のお姿だ！」と感じました。

神域で私が心惹かれるのは、一遍上人により建立されたとても立派な宝篋印塔《ほうきょういんとう》。通常は1基ですが、ここには3基ならんでいてその構造も珍しいものです。三千人先生は「真ん中の四方にある隅飾突起《すみかざりとっき》の傾き方で時代が分かるんだよ」と教えてくれました。

6. 一の鳥居は宮浦港そばにあるが、同じく石造りの二の鳥居は神社入り口にあり、寛文元年（1661）に松平定長公が奉納したものだ。

7. 応永34年（1427）頃の建築とされている。昭和28年（1953）に瓦葺きの屋根を桧皮葺きに復元した。

鎌倉時代は隅飾突起が直立、それ以降はどんどん反っていくのだそうです。大山祇神社の宝篋印塔の隅飾突起は直立ですので、とても貴重。是非、見ていただきたいです。

御神木の大楠は、正面の鳥居をくぐると境内の少し右側にあるように見えます。でも大楠を通り越して、本殿への神門をくぐり、そこから後ろに振り返ると、本殿の正面、つまり真ん中にあることが分かります。太陽の光を真っ直ぐに浴びる様は、別格の楠だと感じます。いつの頃からか、この楠の周りを、息を止めて3周することができたら願いが叶うと言われているようです。私もチャレンジしましたが、大きすぎてなかなか叶いません。

ご参拝の後は、国宝や国の重要文化財などが多く保管されている「大山祇神社宝物館」、昭和天皇の研究業績を展示した「海事博物館」にも立ち寄ってください。国宝、源義経奉納の「赤絲威鎧《あかいとおどしよろい》」、源頼朝奉納の「紫綾威鎧《むらさきあやおどしよろい》」、大三島を護ったと伝えられている瀬戸内のジャンヌダルク・鶴姫の「紺糸裾素懸威銅丸《こんいとすそがけおどしどうまる》」は必見です。鶴姫の甲冑は女性らしく胸廻りが広がり、ウエスト部分がキュっと引き締まっています。私もレプリカを着させていただいたことがあるのですが、紺色の清楚さの中に強さも秘めていて本当に素敵でした。

大山祇神社で行われるちょっと変わったお祭りもあります。春（旧暦の5月5日）に行われる御田植祭と、秋（旧暦の9月9日）に行われる抜穂祭で執り行われる奉納相撲「一人角力《ひとりずもう》」です。目に見えない「稲の精霊」と、「一力山」による三本勝負で、2勝1敗で稲の精霊が勝ちます。稲の精霊が勝つことにより1年の豊作を祈るお祭りです。1人で相撲をとるので、行司の掛け声とともに力士のユーモアのある動きがちょっと滑稽ですが、いたって真面目な神事です。私も小学生の時に早乙女の格好をして御田植祭に参加しました。斎田にズボズボっと足が入る感覚を今でも思い出します。大山祇神社の斎田にもぜひ注目してみて下さい。

まだまだほかにも見どころはたくさんあるので、ぜひゆっくりと時間をとって訪ねてみてください。格式高く、気持ちの良い「氣」の流れを感じる大山祇神社は、最高のパワースポットです。

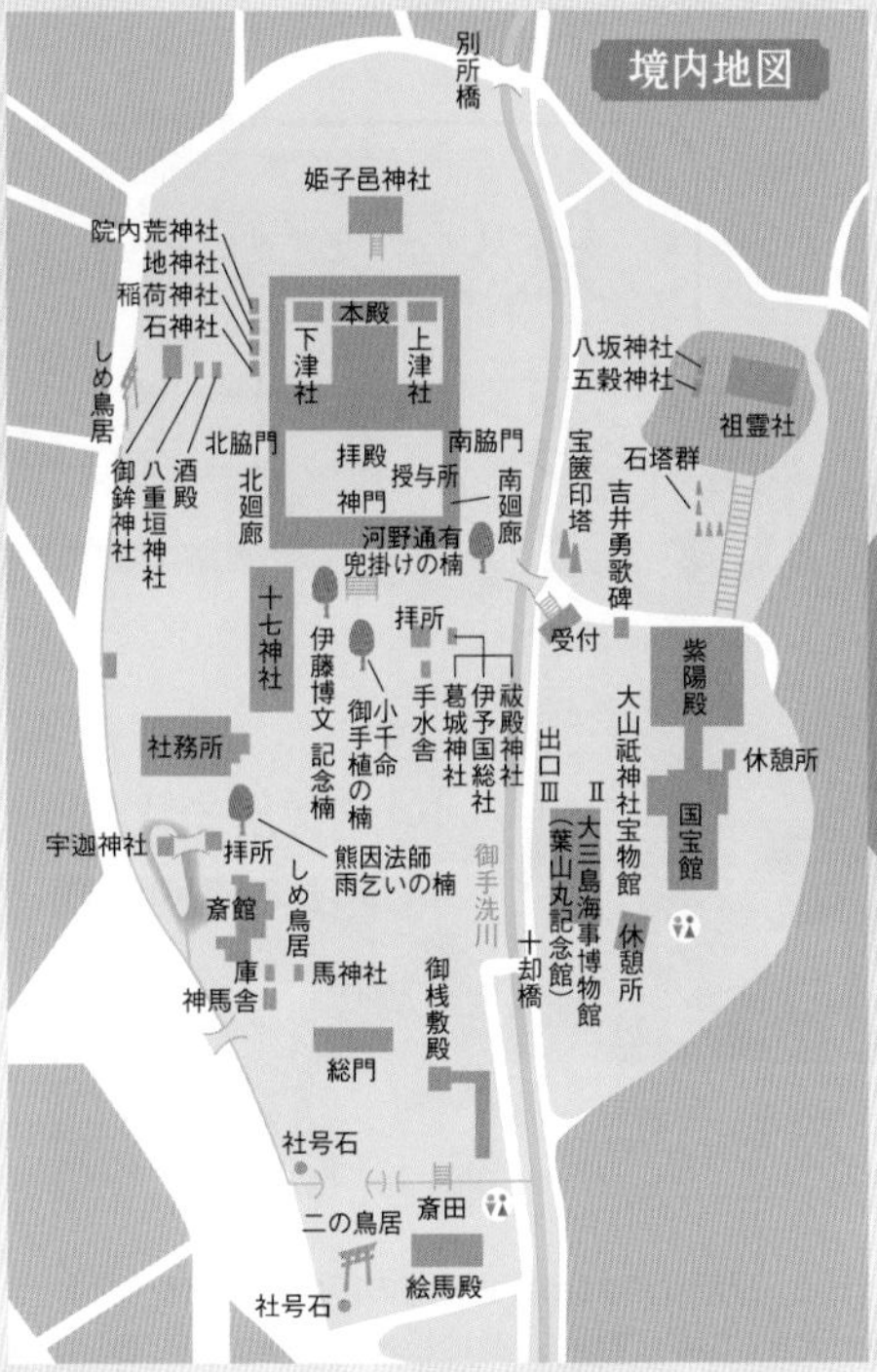

パワーを宿す 巨木巡り

12 大楠

小千命御手植えの楠。樹齢は約2600年

13 河野通有兜掛の楠

14 雨乞いの楠

15 伊藤博文公記念楠樹

Check it out!

こちらも拝見!

貴重な資料と出会い 学びと感動のひと時を

神社から御手洗川を渡ったところにあるのが、貴重な国宝などを収めた「大山祇神社宝物館（国宝館と紫陽殿）」。誰もが知る武将ゆかりの武具甲冑を見ることができる。併設された「海事博物館」には、昭和天皇の御採集船「葉山丸」が展示されている。

営 8:30〜17:00（入館は〜16:30）
¥ 2館入館料一般1,000円

大山祇神社《おおやまづみじんじゃ》

愛媛県今治市大三島町宮浦3327
0897-82-0032
営 日の出頃〜17:00
P 近隣無料あり
西瀬戸自動車道大三島ICから車で15分
MAP P.59 C-3

大山祇神社の歴史

oyamadumi shrine history

社伝によれば神武東征に先駆けて四国に渡った大山積神の子孫・小千命（おちのみこと）が大三島を鎮祭したことが始まりとされている。当初は島内の上浦町に祀られていたが、大宝元年（701）〜霊亀2年（716）にかけて、本殿など5つの社が現在の場所に建立された。

11世紀には伊予の国の一の宮となり、河野水軍が氏神として信仰した。さらに源氏や北条氏、足利氏など名だたる武将が信仰を寄せたことでも知られる。彼らが奉納した武具や甲冑は膨大な数にのぼっており、そのうち8件が国宝、132件が国の重要文化財。

見どころ案内 大三島編

安心の無農薬柑橘加工品と多彩な雑貨のショップ

自家醸造の島リキュール「大三島リモンチェッロ（2,100円）」で全国に知られる「Limone」。他にも有機・無農薬で自家栽培した柑橘を使った、お菓子や調味料など多彩なオリジナルに目移りしそう。砥部焼の作家とコラボしたレモンぐい呑みはお土産にも好評。

SHOP

大三島リモーネ《オオミシマリモーネ》

愛媛県今治市上浦町瀬戸2342　0897-87-2131（問い合わせのみ）
営 11:00～17:00　休 火・金曜（臨時休業あり）　P あり　西瀬戸自動車道大三島ICから車で5分　MAP P.59 D-4

大山祇神社から徒歩5分に位置する

かがみながらくぐらなければならない高さの空洞

精気を感じる楠の老樹 注目のパワースポット

樹齢3000年といわれる、根回りが31mもある楠の巨木。根元から2本の幹が伸び、太い枝が大きく広がっている。幹の根本に空洞があり、30mほど先にある大山祇神社の奥の院を参拝する際にその洞をくぐっていくことから「生樹の御門」と呼ばれている。

SPOT

生樹の御門《イキキノゴモン》

愛媛県今治市大三島町宮浦　0897-82-0500（今治市役所大三島支所）
P なし　西瀬戸自動車道大三島ICから車で15分　MAP P.59 C-3

金・土・日曜に開くパン屋 丁寧な手作りならではの味

風味のいい小麦粉と自家製天然酵母、発酵バターを使い、低温長時間発酵させて捏ね上げるパン生地。スパイスを挽くところから作るカレーや季節の果物を炊くジャムなど、手作りにこだわったフィリング。丁寧な仕事で素材の旨みを生かしたパンが並ぶ。

店の庭のベンチに腰掛けて景色と焼きたてパンを楽しもう

バケット、フォカッチャ、ブリオッシュなど種類がいろいろ

カエルの形のアンパン（190円）とクリームパン（180円）が看板商品

SHOP

カエルベーカリー

愛媛県今治市上浦町瀬戸6048-1　090-1846-3475　営 11:00～16:00
休 月～木曜　¥ チキンキーマ焼きカレーパン230円、プチバケット200円
P あり　西瀬戸自動車道大三島ICから車で7分　MAP P.59 D-4

大三島が誇るイノシシ肉のジビエバーガー

ハンバーガーにポテトM、ドリンクがセットになって1,300円

島に棲むイノシシの肉を使ったハンバーガーを提供するNEW SHOP。スタンド形式だけど、広い庭にはテーブルやチェアが置かれているので、そこでガブリッもOK。イノシシ肉のパテは、クセがなく、ジューシーで旨味もたっぷり。「井のバーガー（700円）」のほか、セットもあり。

FOOD

井のイの! STAND《イノイノスタンド》

愛媛県今治市上浦町井口6487　070-1062-6084　営 11:00～16:00
休 月～金曜　P あり　西瀬戸自動車道大三島ICから車で10分　MAP P.59 D-2

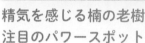

店主が惚れたイノシシの旨みをラーメンで体験

臭みがなく脂がしつこくない大三島のイノシシの味に魅了された店主が、研究を重ねて猪骨でスープをとるラーメンを創作。伯方の塩を使う塩ラーメンと、味噌、醤油の3種類（各900円）が味わえる。あっさり塩ダレの「猪チャーシュー丼（300円）」もお試しあれ。

大山祇神社から徒歩30秒の場所にある

ジビエが苦手な人におすすめの味噌ラーメン

FOOD

猪骨ラーメン《シシコツラーメン》

愛媛県今治市大三島町宮浦5516　0897-72-8780　営11:30〜14:00（休前日12:00〜14:00、18:00〜20:00）　休火曜　Pあり　西瀬戸自動車道大三島ICから車で15分　MAP P.59 B-3

どんな種類のビールが飲めるかはその日のお楽しみ

醸造所を眺めながらできたてビールが飲める

大山祇神社の参道沿いにある、カフェ併設のブリュワリー。大三島産の無農薬柑橘を使用した「ホワイトエール（600円）」や、クセがなくすっきりとした飲み口の「ブロンドエール（600円）」など、4種類程度のビールが味わえる。ドライバーやサイクリストなら持ち帰り用をお土産に。

FOOD

大三島ブリュワリー《オオミシマブリュワリー》

愛媛県今治市大三島町宮浦5589　0897-72-9248　営12:00〜20:00　休火・水曜、不定休あり　Pあり　西瀬戸自動車道大三島ICから車で15分　MAP P.59 B-3

舌触り滑らかな白餡が上品な神島まんじゅう

大三島産のレモン果汁が入った甘酸っぱいパウンドケーキ

飾らないおいしさで愛される大正12年創業の老舗菓子店

看板商品の「神島まんじゅう（81円）」は、大三島のミカンの花から採ったハチミツが隠し味のしっとりカステラ生地に自家製白餡が入っている。「甘酒まんじゅう（81円）」はふっくらした生地からお酒の香りがほんのり。「大三島レモンパウンドケーキ（165円）」も人気。

駐車場を備えた本店。大山祇神社前に支店がある

SHOP

村上井盛堂 本店《ムラカミイセイドウ ホンテン》

愛媛県今治市大三島町宮浦5452　0897-82-0029　営8:00〜売り切れまで　休水曜、12月27日〜12月30日　Pあり　西瀬戸自動車道大三島ICから車で15分　MAP P.59 B-3

地物の魚介が味わえる豪華会席料理が楽しみ

昼・夜ともに食事のみの利用も可能（3,300円〜）

館内は古民家風の心落ち着く雰囲気

特別室の檜風呂

タイやオコゼ、メバル、アナゴ、アワビ、ウニなど地物の魚料理が並ぶ夕食が豪華。伊予牛の網焼きや魚介の炮烙焼きが味わえるなど、料理内容が異なる3つの宿泊プランが用意されている。和室、洋室、檜風呂付の特別室などいろいろな客室がある。

STAY

富士見園《フジミエン》

愛媛県今治市上浦町井口5733　0897-87-2025　休不定休　¥1泊2食付き12,800円〜　Pあり　西瀬戸自動車道大三島ICから車で5分　MAP P.59 D-2

島のブドウで作るワイン1杯500円で試飲も！

耕作放棄地を活用したブドウ畑で自社栽培するブドウを自社醸造するワインを販売。「島白シャルドネ樽熟成（4,300円）」や「島紅マスカットベリーA樽醸造（3,800円）」などのワインに加え、柑橘で作る新感覚のスパークリング仕立ての果実酒もおすすめ。有料試飲もある。

大三島みんなの家の中にある販売所

醸造所。フレンチオークの樽で熟成させるものもある

SHOP

大三島みんなのワイナリー《オオミシマミンナノワイナリー》

愛媛県今治市大三島町宮浦5562　0897-72-9377　営10:00〜16:00　休月曜（祝日の場合は翌日）　¥試飲1杯500円　Pあり　西瀬戸自動車道大三島ICから車で10分　MAP P.59 B-3

試飲は3〜4種類用意。季節によってラインナップが変わる

新鮮な魚料理を堪能できるコース料理が一押し

鮮魚店と海鮮料理の店を併設。メニューには、ヒラメやタイ、タコのコース料理や、魚料理の定食と一品料理が並び、店舗裏の海に設けた生簀からあげる鮮度のいい魚を味わえる。人気の「ヒラメコース（3,500円）」は、刺身、天ぷら、釜飯、吸い物などが出される。

多々羅大橋が見える海の側にある

FOOD

くろしお

愛媛県今治市上浦町井口3724　0897-87-3417　営11:00〜21:00　休不定休　Pあり　西瀬戸自動車道大三島ICから車で7分　MAP P.59 D-2

島のイチゴや柑橘を使った手ごろな和菓子が人気

瀬戸内の果物や特産品を取り入れた和菓子を作っている。大三島レモン入りの生地にオレンジ餡と小豆餡をサンドした「サイクリングどら焼き（160円）」や、「完熟の島いちご入りの苺どら焼き（190円。期間限定）」が人気。芋吉は鳴門金時の旨みを楽しめるまんじゅう。

生地に米粉を使ったサイクリングどら焼き

イチゴのジューシーさと小豆餡の甘みが絶妙

SHOP

ボッコ製菓《ボッコセイカ》

愛媛県今治市上浦町井口5814　0897-87-2855　営8:30〜17:00　休火曜　Pあり　西瀬戸自動車道大三島ICから車で8分　MAP P.59 D-2

金・土曜限定のランチと自家製ケーキが人気

ほっとするおいしさの手作りランチ

手作りのスイーツをゆったり楽しめる隠れ家的カフェ。紅まどんなや桃、栗など季節の果物を使う自家製ケーキやパフェが人気。「月替わり金曜・土曜限定ランチ（1,300円）」は、野菜たっぷりでおかずの品数が豊富。これを目当てに毎月訪れるリピーターも多い。

ケーキと好きな飲み物のセット1,050円〜

FOOD

Country Time《カントリータイム》

愛媛県今治市上浦町井口5483-2　0897-72-8800　営10:00〜17:00　休火・木・日曜　Pあり　西瀬戸自動車道大三島ICから車で5分　MAP P.59 C-2

ミネラルたっぷりの海水で体をあたためる癒しタイム

景色と開放感で心地よさ倍増の露天風呂

きれいな海水を使用した海水風呂（塩湯）がある、タラソテラピー（海洋療法）の考え方を取り入れた温浴施設。湯船から海を眺められる展望風呂やジェットの刺激が心地いいマッサージバス、露天風呂など6種類の風呂でリラックスできる。

BATH

マーレ・グラッシア大三島《マーレ・グラッシアオオミシマ》

愛媛県今治市今治市大三島町宮浦5902　0897-82-0100　営10:00〜20:00　休水曜・2月第1火・水・木曜　¥一般520円　Pあり　西瀬戸自動車道大三島ICから車で15分　MAP P.59 B-3

美術館めぐり

今治市伊東豊雄建築ミュージアム

愛媛県今治市大三島町浦戸2418 0897-74-7220 営 9:00〜17:00 休 月曜(祝日の場合は翌日休)、12月27日〜12月31日 ¥ 一般840円 P あり 西瀬戸自動車道大三島ICから車で25分 MAP P.59 A-4

今治市大三島美術館

愛媛県今治市大三島町宮浦9099-1 0897-82-1234 営 9:00〜17:00（入館〜16:30） 休 月曜（祝日の場合は翌日休）、臨時休館あり、12月27日〜12月31日 ¥ 一般520円 P あり 西瀬戸自動車道大三島ICから車で15分 MAP P.59 C-3

今治市岩田健 母と子のミュージアム

愛媛県今治市大三島町宗方5208-2 0897-83-0383 営 9:00〜17:00（入館〜16:30） 休 月曜（祝日の場合は翌日休）、12月27日〜12月31日 ¥ 一般310円 P あり 西瀬戸自動車道大三島ICから車で30分 MAP P.59 A-5

ところミュージアム大三島

愛媛県今治市大三島町浦戸2362-3 0897-83-0380 営 9:00〜17:00（入館〜16:30） 休 月曜（祝日の場合は翌日休）、12月27日〜12月31日 ¥ 一般310円 P あり 西瀬戸自動車道大三島ICから車で25分 MAP P.59 A-4

海の幸満載の丼が多彩！ 売り切れごめんの行列店

海鮮丼の具は仕入れの魚介によって変わる

鯛やサーモン、エビなどが酢飯の上に盛られた「海鮮丼（880円）」や、ネタにウニやイクラなど15種類以上の魚介が入る「ぜんぶのせ丼（1,680円）」など、海の幸たっぷりの丼が約10種類。天ぷらや酢の物など小鉢料理もバラエティ豊かに並んでいる。

FOOD

お食事処大漁《オショクジドコロタイリョウ》

愛媛県今治市大三島町宮浦5507-1 0897-82-1725 営 11:30〜14:30 休 土・日曜 P なし 西瀬戸自動車道大三島ICから車で10分 MAP P.59 C-3

島素材たっぷりのランチはドリンク付きで1,850円。大満足の内容だ

元病院をリノベーション 宿泊棟もある不思議カフェ

ハウスレストランを営んでいたオーナーは、素材へのこだわりが強く、健康への心遣いも。自家製のカレー・ナポリタン・ミートソースなど昔ながらの洋食がメニューに並ぶ。ランチは野菜たっぷりで、少しずつ色々食べられるのがうれしい。

FOOD

典座《テンゾ》

愛媛県今治市上浦町井口7333 0897-87-2224 営 10:00〜16:00 休 水・木曜 P あり 西瀬戸自動車道大三島ICから車で5分 MAP P.59 D-3

ミカン農家が営む小さな宿 1日1組限定の特別な時間を

デッキ「海の桟橋」から、青い海と空、緑豊かな島の風景を望む

ミカン畑の中にあるコテージは、1日1組のみが過ごせる贅沢な空間。家族や仲間と自然に包まれる心地よい時間を満喫しよう。ミカンの花の頃、1ヶ月ほどの蜜だけを集めた「天然みかんハチミツ」や「ストレートみかんジュース」など、自家製品も人気。

STAY

海SORAアネックス《ウミ ソラ アネックス》

愛媛県今治市大三島町宗方7450 0897-74-1318 営 IN/15:30、OUT/10:00 休 不定休 ¥ 基本料金8,000円+人数×3,000円+消費税（定員5名）※2023年秋頃価格変更予定あり P あり3台（大型車不可） 西瀬戸自動車道大三島ICから車で20分、宗方港から車で10分 MAP P.59 B-5

「伯方の塩」はどうできるの？ わくわくいっぱいの工場見学

輸入天日塩田塩を日本の海水に溶かしてつくる「伯方の塩」の製造工程を見てみよう。伝統的な塩田を再現した流下式枝条架併用塩田も必見だ。見学後は「My塩つくり体験（無料、1週間前までの要予約）」やショップでのお買い物を。大粒の塩をトッピングした工場限定のソフトクリームもおすすめ。

濃い塩水を土鍋で煮つめ塩つくりに挑戦

自然乾燥中の塩はまるで雪の山のよう

SPOT

伯方の塩 大三島工場《ハカタノシオ オオミシマコウジョウ》

愛媛県今治市大三島町台32 0897-82-0660 営 9:00〜16:00（見学受付は15:30まで） 休 あり（※見学情報はHPを要確認） ¥ 見学・体験無料 P あり 西瀬戸自動車道大三島ICから車で15分 MAP P.59 B-3

SETO ISLAND

05

伯方島

hakatajima

コンパクトな島ながら ぎゅっと詰まった多彩な魅力

かつては塩田による製塩業が盛んで、「伯方の塩」の発祥の地でもある伯方島。基幹産業の造船業や海運業は今も経済を支えており、ビジネスパーソンらの往来の多い島でもある。全国的に人気の飲食店やパティスリーもあり、わざわざ食べにくる人も少なくない。島の周囲は約20km、比較的平坦であることから、島を一周するサイクリングは初心者でもチャレンジしやすい。幅広い世代に人気の「ドルフィンファームしまなみ」も訪ねたい施設。

開山山頂に位置する風光明媚な公園。お地蔵さんが並ぶ風景ものどか

PICK UP!

食・遊・買が揃う観光拠点
道の駅 伯方S・Cパーク マリンオアシスはかた

地元の農産物や加工品、名物の塩スイーツなどを扱う特産品販売所や、伯方の塩チャーシュー麺が人気のレストラン、伯方の塩ソフトが味わえるフードコートを備えた道の駅。ビーチやレンタサイクルもあり。
📞0897-72-3300

PICK UP!

3つの橋を同時に望む
開山公園は花名所でも有名

伯方島の北の端に位置する標高149mの開山。その頂上にある展望台からは、多々羅大橋、大三島橋、伯方・大島大橋を同時に眺められる。春は1000本もの桜が咲き乱れ、秋は紅葉が色づく。

レスキューポイント　レンタサイクルターミナル

かわいいイルカを通じて環境を学ぶ

ドルフィンファーム しまなみ

伯方島の自然に囲まれた全国屈指のイルカふれあい施設

平成28年にオープンした「ドルフィンファームしまなみ」は、海面面積はもちろん、周辺の関連施設を含め、全国でも指折りの規模を誇るイルカふれあい施設。観光客に人気の道の駅「伯方S・Cパーク」に隣接しているため、ドライブやサイクリング途中に、思い立ったらふらりとかわいいイルカに会えるのが最大の魅力だ。体験できるふれあいプログラムは「見る」、「さわる」、「およぐ」の3つ。「イルカを通じて自然環境の大切さを知って欲しい」とトレーナーの巻埜貴哉さんが語るように、単に可愛らしさを愛でるだけでなく、プログラムによってはイルカの生態を学ぶレクチャーも実施する。

現在ここで飼育されているのは、泳ぎが得意なバンドウイルカの「さんご」「もも」「つばき」「にこ」「06（ゼロロク）」「みなと」の6頭。それぞれ性格や得意技が異なるのも興味深い。伯方島の穏やかで美しい海、そしてのびのびと過ごすイルカたちの姿に癒やされるはずだ。

併設されたオートキャンプ場利用者は無料で見学できる

巻埜さん（中央）をはじめ元気で明るいトレーナーの皆さん

触る 見る 泳ぐ

TOUCH

ほっぺにチュッ！ スキンシップで仲良しに

握手やキスなどイルカと直接ふれあえるプログラムが「Touch（さわる）」。まずは10分ほどイルカの生態や性格に関するレクチャーを受けたあと、20分間イルカプールでふれあいが楽しめる。イルカに餌をあげたり、直接ふれあうことで、さらにイルカとの距離も縮まるはず。体験に参加できるのは4歳以上で、濡れるのを防ぐための胴長のレンタル料も含まれている。予約制で体験日の6ヶ月前から予約可能。

「Touch（さわる）」の体験料は１人5,500円（GW、8月を除く平日１人4,950円）

両手で握手すれば、友達になった気分に

トレーナーの手の動きに応じて水しぶきを上げる

一回の食事で約2.5kgの餌を食べる

イルカによってはジャンプを見せてくれることも

WATCH

食事タイムが狙い目の 気軽な体験プログラム

予約なし入園料のみで体験できる「Watch（見る）」。3つの体験プログラムの中で、最も気軽に楽しめる。イルカプールの近くまで足を運び、のんびり泳ぐ姿を目の当たりにできる。狙い目は一日に数回行われる食事タイム。トレーナーが餌をやりながら、握手やジャンプなどのトレーニングも同時に行われる。抱っこしていればペットの入場も可能。愛嬌たっぷりのイルカたちが近づいて顔を出してくれるかも。

SWIM

イルカに身を任せ進む、憧れのスイム体験を！

イルカと一緒に泳ぐ「Swim（およぐ）」は夢に見た究極のふれあいプログラム。約20分のレクチャー後、ゴーグル、シュノーケル、ウエットスーツ、ライフジャケット（全てレンタル料込み）を身につけ、いよいよイルカプールへ。一緒に泳ぐ時のコツは、イルカの背ビレなどにつかみ、優しく身を任せること。海中での観察も楽しい。スイム時間は約40分。こちらも予約制で参加日の6ヶ月前から予約可能。

優しく身を任せると、イルカは思いのほか力強く泳いでくれる

更衣室、シャワー完備、お土産もある充実施設

ドルフィンファームしまなみの敷地内には、更衣室や温水シャワー室、さらにレクチャー棟など手ぶらで来ても楽しめるように、各施設が充実。受付棟には売店も併設され、かわいいイルカグッズも並ぶ。旅の記念やプレゼントにも最適だ。

ドルフィンファームしまなみ

愛媛県今治市伯方町叶浦甲1673
0897-72-8787 営9:00〜17:00
休 台風や暴風などの悪天候時は休み
¥ 中学生以上500円、4歳〜小学生400円
P 近隣無料Pあり
西瀬戸自動車道伯方島ICから車で1分 MAP P.69 B-3

見どころ案内 伯方島編

直径30cm以上！ ジャンボお好み焼が名物

創業から半世紀、親子二代で暖簾を守るお好み焼店。定番の関西焼に加え、ぜひ押さえておきたいのが「さくら焼」。その直径はなんと30cm！グループでつつきながら食べるのも楽しい逸品だ。さらなるチャレンジャーには40cmの「メガサクラ焼」も待ち受ける！

通常の関西焼と比べると、さくら焼の大きさは一目瞭然!

三角屋根が目印。店内は木の温もりを感じる雰囲気だ

鉄板でふわっふわに仕上げる「玉子焼き(600円)」

FOOD

お好み焼き《オコノミヤキ》 さくら《サクラ》

愛媛県今治市伯方町伊方甲669-3 0897-73-0012 営11:00～14:00、16:30～21:00(日曜11:00～20:30) 休水曜、他臨時休業あり ¥メガサクラ焼3,950円 Pあり 西瀬戸自動車道伯方島ICから車で8分 MAP P.69 B-2

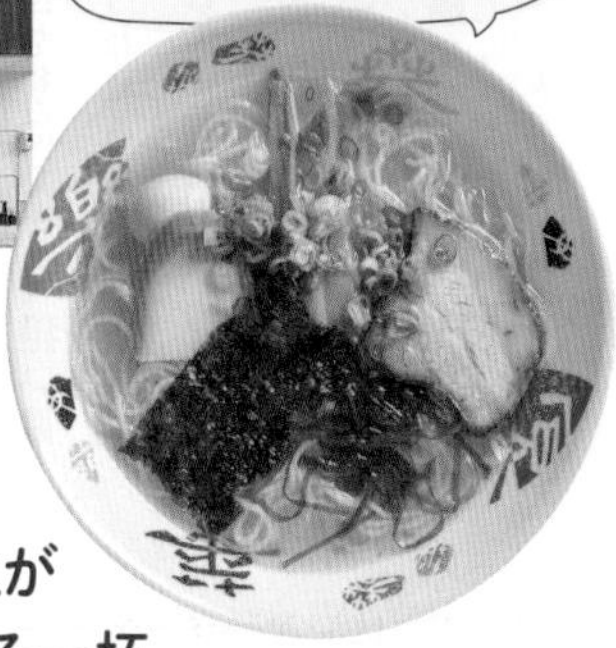
素材のおいしさを引き出した、やさしい味が身も心も癒してくれる

塩を知り尽くした店主が 瀬戸内海を味で伝える一杯

もとは昭和46年に開業した島の食堂。伯方島の塩田で生まれた店主が開発した「伯方の塩ラーメン」は、通信販売されるほどの人気に。17種の素材の旨みを伯方の塩で引き出し、コクがあるのにあっさりしたスープが絶品で、最後まで飲み干す人が続出。

FOOD

さんわ《サンワ》 伯方島店《ハカタジマテン》

愛媛県今治市伯方町木浦甲1650-1 0897-72-1211 営11:00～19:00(水曜は～17:00) 休日曜 Pあり 西瀬戸自動車道伯方島ICから車で20分 MAP P.69 C-3

ゆったり動く船を見ながらくつろぎの一時を

全ての客室から、潮の流れや船の行き交う様子を見ることができる料理旅館。素材の味を活かした料理が自慢の宿で、主人考案による「脱皮蟹のから揚げ自家製甘酢がけ」が名物。これを目当てに遠く福山や尾道、松山からも来館者があるほど。

潮流が急な船折瀬戸の目の前に建ち、波音が聞こえてきそう

STAY

料理旅館《リョウリリョカン》 せと《セト》

愛媛県今治市伯方町有津甲1853 0897-72-0946 営IN/15:00、OUT/10:00 休不定休 ¥1泊2食付き11,000～15,400円(税・サービス料込)※2023年4月以降は1,100円アップ Pあり 西瀬戸自動車道伯方島ICから車で6分 MAP P.69 B-4

お母さんの温もりに触れて農家の日常を体感！

1日1組限定の農業体験型民宿。「みかん・レモン収穫体験(1,200円)」や「塩生キャラメル作り体験(1,200円)」がオプションで選べる。地元の旬の野菜を使った郷土料理作りも体験できるので、まずは相談してみて。

二間続きの座敷が客室。1グループ貸切でゆったりと利用できる

立派な日本家屋での宿泊体験は外国人観光客にも好評

STAY

ファームイン《ファームイン》 ポーチュラカ西部《ポーチュラカ ニシベ》

愛媛県今治市伯方町木浦甲3064-1 0897-72-1018 営IN16:30・OUT10:00 休不定休 ¥1泊2食付7,500円 Pあり 西瀬戸自動車道伯方島ICから車で8分 MAP P.69 C-3

農家の女性スタッフが 心を込めて作る地元の味

旬の美味を味わえる「はまんぼご膳(1,000円)」

道の駅マリンオアシスはかたの2階で、月に2日間のみ営業している食堂。農家の女性たちが育てた野菜や近海で獲れた魚介を使い、月替わりの「はまんぼご膳」を提供している。数量に限りがあるため事前の予約がおすすめ。

FOOD

愛の地産地消レストラン《アイノチサンチショウレストラン》

愛媛県今治市伯方町叶浦甲1668-1 道の駅マリンオアシスはかた2階 0897-72-1018 営毎月第4土・日曜の11:30～13:30 Pあり 西瀬戸自動車道伯方島ICから車で1分 MAP P.69 B-3

近海で獲れた新鮮なネタが並ぶ「上にぎり（1,900円）」

夕陽も美しい船折瀬戸を臨む 島随一の絶景お食事処

瀬戸内の新鮮な魚介を味わえる「梅が花」。岬の一軒家というロケーションで、窓から絶景を眺めながら料理を味わうことができる。平日昼のみのランチメニューは海鮮丼や穴子丼、にぎり寿司のセットがあり、各1,650円。夜は「鯛づくし膳（2,400円）」や会席コースも用意。

ドラマのロケ地にもなったロケーションが魅力

FOOD

魚常《ウオツネ》 梅が花《ウメガハナ》

愛媛県今治市伯方町木浦乙791-6　0897-74-0150
営11:30～22:00　休水曜　¥会席コース3,300円～　Pあり
西瀬戸自動車道伯方島ICから車で5分　MAP P.69 C-4

近海の旬の食材を職人技でリーズナブルに

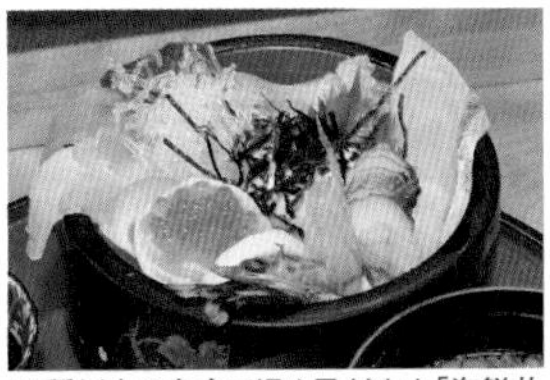

10種以上の魚介で埋め尽くされた「海鮮丼（1,760円）」

店内はカウンターと個室の小上がりがある

活魚や創作料理まで、幅広い美味を提供する老舗和食店。ランチタイムは巻き寿司定食などリーズナブルなものから、ちょっとした集まりにもぴったりの和風御膳まで揃う。夜は「おまかせコース（3,300円～）」などの会席もおすすめ。

FOOD

お食事処《オショクジドコロ》 みなとや《ミナトヤ》

愛媛県今治市伯方町木浦甲1551
0897-72-0005
営11:30～14:00、17:00～21:00
休月曜　Pあり
西瀬戸自動車道伯方島ICから車で15分　MAP P.69 C-3

あなたは関西風？ 広島風？ お好みで選ぶお好み焼き

込み合う店内でも笑顔の女性店主が、丁寧に焼くお好み焼き。関西風と広島風どちらもあり、好みで選べるのが嬉しい。地ダコ入りのお好み焼きなど、伯方島ならではの味わいもおすすめ。テイクアウトして自宅で味わうこともできる。

肉・イカ・エビ入りの関西風スペシャル750円はおすすめ

FOOD

お好み焼き《オコノミヤキ》 たんぽぽ《タンポポ》

愛媛県今治市伯方町有津甲2325
0897-72-1908　営11:00～21:00（ラストオーダー19:30）休日曜
Pあり　西瀬戸自動車道伯方島ICから車で6分　MAP P.69 B-3

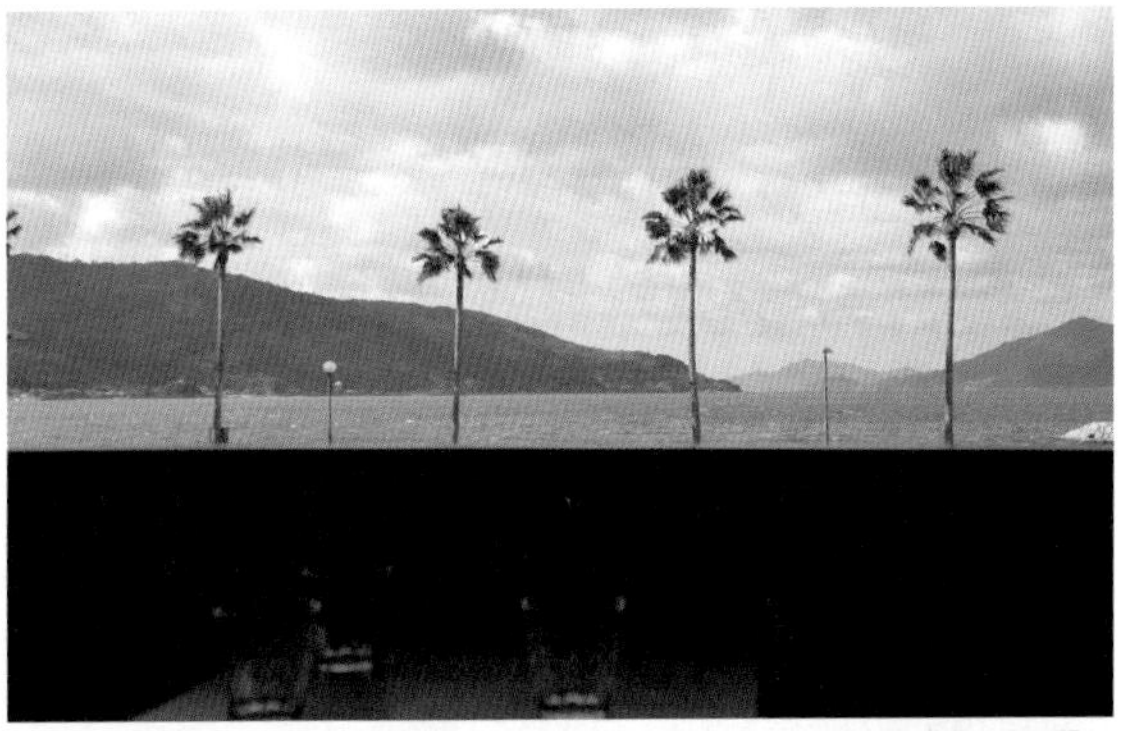

目の前に伯方ビーチが広がる客室からの眺め

最大6名利用できる洋室。ユニットバス、キッチン、冷蔵庫、レンジも完備

香料・着色料など不使用でやさしい甘さのジャム

伯方島素材の手作りジャムと 海の見えるゲストハウス

2023年2月、道の駅の向かいにサイクリストの夫妻がプロデュースしたゲストハウスがオープン！ プライベート感あふれる個室で海に沈む夕陽を眺めたり、テラスでBBQをしたりと自由なステイが叶う。島の柑橘を生かした手作りジャムのショップも展開。

STAY

伯方plus+《ハカタプラス》

愛媛県今治市伯方町叶浦甲1418-1　070-8582-2226　営ショップ10:00～16:00（季節により異なる）　休不定休　¥1泊1名10,000円程度（3名利用の場合）※使用人数などにより異なる　Pあり　西瀬戸自動車道伯方島ICから車で1分　MAP P.69 B-3

道の駅やAコープで販売 やさしさ溢れる手づくりパン

惣菜パンや菓子パンなど、ソフト系を中心に揃う

体にやさしく、できるだけ無添加のものを食べて欲しい。その想いからパン作りを始め、工房を開いた馬越さん。塩パンやちくわパン、クリームパン、ひじきパンなどのラインナップで、道の駅マリンオアシスはかたやAコープ伯方支店にて不定期販売。

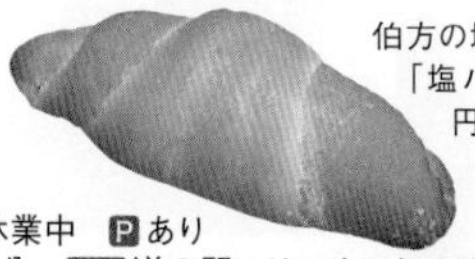

伯方の塩を使った「塩パン（160円）」

SHOP プチ・ボワ

愛媛県今治市伯方町北浦1084-1
0897-73-1415　休 工房での販売は休業中　P あり
西瀬戸自動車道伯方島ICから車で10分　MAP 道の駅マリンオアシスはかた P.69 C-2

船乗りの主人が始めた専用桟橋のある料理旅館

目の前に専用桟橋があり、クルーザーなど船での停泊ができる旅館。いけすがあり、その日に水揚げされた魚を刺身や煮付け、唐揚げなど様々な料理方法で堪能できる。味噌、漬物は自家製で野菜も一部作っているなど、料理へのこだわりが随所に感じられる。

車はもちろん、船でも行ける珍しい旅館

STAY 民宿《ミンシュク》 うずしお《ウズシオ》

愛媛県今治市伯方町有津1563-5　0897-72-2700　休 12月30日～1月2日　¥ 素泊まり5,500円、1泊2食付8,800円～（税・サービス料込）
P あり　西瀬戸自動車道伯方島ICから車で5分　MAP P.69 B-3

「ねぎ焼きミックス（ぶた・いか・牛）（900円）」

サイクリスト御用達！ 絶品お好み焼に舌鼓

伯方島インターチェンジを降りてすぐにあるお好み焼店は、国内外のサイクリストに愛される名店。イタリアンやステーキハウスなどで長年の経験を積んだ店主が関西焼に広島焼、ねぎ焼、韓国風お好み焼など多彩な味を提供する。鉄板で仕上げた各種一品料理も好評。

季節の花々に彩られた癒やしの店構え

FOOD お好み焼き《オコノミヤキ》・鉄板焼《テッパンヤキ》 風《フウ》

愛媛県今治市伯方町叶浦甲1667-5　0897-74-0053
営 11:00～15:00、17:00～21:00　休 月曜　P あり
西瀬戸自動車道伯方島ICから車で1分　MAP P.69 B-3

昭和レトロな雰囲気漂う 隠れ家的ゲストハウス

築80年の元歯科医院を改装した建築としても見応えある古民家ゲストハウス。客室は全て部屋貸しタイプなので、一人旅もファミリーも気兼ねなく過ごせる。Wi-fi 完備、広い共有ルーム＆無料ドリンクコーナーも嬉しい。港やバス停、スーパー・レストランも近く生活便利でグループでの長期合宿・研修・ワーケーションにも。

レトロな雰囲気の共有スペースはゲスト同士の語らいの場

STAY ソルトハウス

愛媛県今治市伯方町木浦甲1293-3　0897-72-8535
営 IN16:00・OUT10:00　休 不定休　¥ グループ毎の個室1泊1名5,000円～、貸切は要相談（最大15名）　P あり
西瀬戸自動車道伯方島ICから車で15分、木浦港から徒歩6分、バス停徒歩2分　MAP P.69 C-3

住宅街の一角にあらわれるモダンな外観

落ち着いたカウンターテーブル。仕事や勉強もはかどりそう!

和室の客室。ツインの和洋室やシングルルームもある

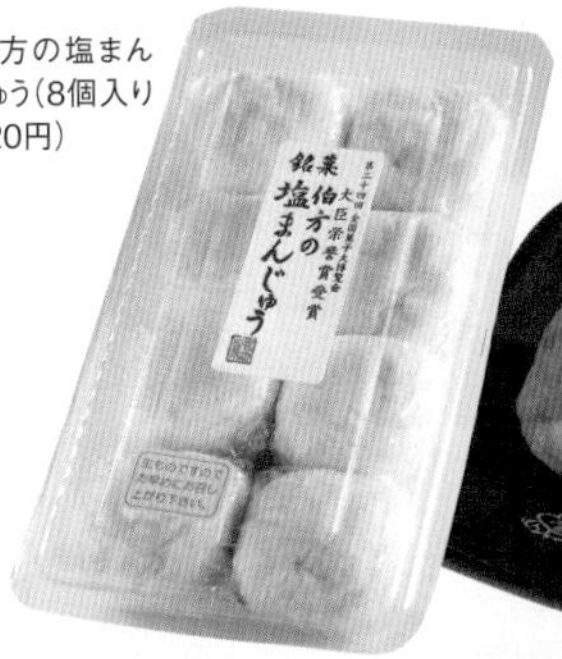

伯方の塩まんじゅう（8個入り720円）

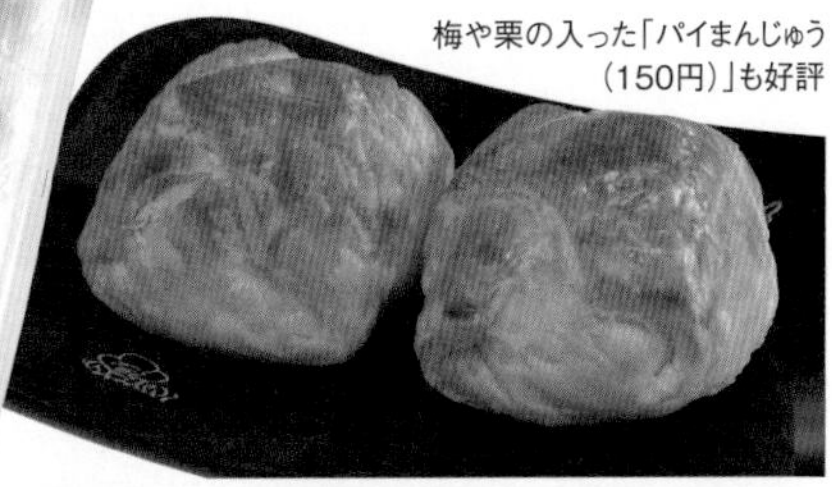

梅や栗の入った「パイまんじゅう（150円）」も好評

地域に愛される老舗の名物は伯方の塩を使ったスイーツ

老舗菓子舗の名物・伯方の塩まんじゅうは、北海道十勝産の選りすぐりの小豆や良質のグラニュー糖で仕込んだ上品な味わいのこしあんに、隠し味として伯方の塩を加えている。また毎日午前中に焼きあがるつぶあんたっぷりのどら焼きも人気。

「伯方の塩羊羹（900円）」

小ぶりなサイズで食べやすい「どら焼き（110円）」

和菓子だけでなく食品や日用雑貨なども揃う

SHOP

福助製菓《フクスケセイカ》

愛媛県今治市伯方町北浦甲1481-2　0897-73-0147
営8:00～18:00　休日曜　Pなし
西瀬戸自動車道伯方島ICから車で10分　MAP P.69 C-3

潮流の速い船折瀬戸に浮かび伝説も残る無人島

伯方島の南の沖合100mに浮かぶ無人島で、潮流が速い船折瀬戸に位置している。鶏小島を眼下に望む国立公園もある。白灯台があり船折瀬戸の西の守りとして今も活躍。この島に住むといわれる金鶏の声を正月に聞くと幸せになれるという伝説も残っている。

SPOT

鶏小島《ニワトリコジマ》

愛媛県今治市伯方町有津甲1853　0897-72-1500（今治市伯方支所住民サービス課）　営見学自由　Pあり　西瀬戸自動車道伯方島ICから車で10分
MAP P.69 B-4

営業スケジュールなど最新情報は公式インスタグラムをチェック

手づくりのランチ（1,000円）やおやつセットの内容は月替わり

大島の「こりおり珈琲」が鎮守の杜をイメージして焙煎したブレンド（600円）

瀬戸内の穏やかな波を感じるのどかな雰囲気の海水浴場

伯方島の南側に位置する沖浦ビーチは、新伯方八景に数えられる風光明媚なスポット。約1kmの自然海浜が広がり、夏にはたくさんの地元の子どもたちが遊んできた昔ながらの海水浴場だ。休憩棟やトイレ、駐車場が整備されている。

地元の人々に親しまれてきた海水浴場

SPOT

沖浦ビーチ《オキウラビーチ》

愛媛県今治市伯方町木浦　0897-72-1500（今治市伯方支所住民サービス課）　Pあり　西瀬戸自動車道伯方島ICから車で10分　MAP P.69 C-4

昭和ノスタルジーな学び舎でほっこり癒しのひととき

昭和30年代に建てられた北浦保育所の建物を活かし、地域の活動拠点「鎮守の杜」＆カフェを開設。第2土曜のカフェの日には、地元の素材を使ったランチやおやつセットなどを提供。鎮守の杜は毎週月・金・土曜に開放しており、校庭で遊んだり教室を見学したりできる。

FOOD

HoToRiカフェ（鎮守の杜）《ホトリカフェ（チンジュノモリ）》

愛媛県今治市伯方町北浦甲2255
070-1920-4662　営毎月第2土曜11:00～16:00（L.O.15:30）
Pあり　西瀬戸自動車道伯方島ICから車で10分　MAP P.69 C-2

SETO ISLAND

06

大島

oshima

村上海賊とお遍路さん 歴史のなかに新しい風

大島の北東部の宮窪地区は、能島村上海賊の本拠地だったエリア。周辺の海域は激しい潮流が渦巻いており、船上からその迫力を体感するクルーズ船も人気だ。17世紀からの歴史をもつ「島四国」は、車なら1泊2日で巡れる巡礼路。春の「へんろ市」では、白装束のお遍路さんが行き交う姿も多く見られる。魅力的なカフェやレストラン、セレクト書店、ゲストハウスなども増えており、ゆっくりと1日過ごしたい島となっている。

周囲約850mの無人島「能島」は、村上海賊の歴史を語る上で外せないスポット

PICK UP!

瀬戸内の多島美を満喫！ カレイ山展望公園

標高232mのカレイ山山頂にある展望台から、村上海賊ゆかりの能島城跡や船折瀬戸、伯方・大島大橋、瀬戸内の島々を一望できる。桜の名所としても知られており、満開の桜の下をサイクリングするのもおすすめ！

PICK UP!

世界のバラが優雅に咲き誇る よしうみバラ公園

春から秋にかけて、約400種3500株ものバラが園内を彩る。フランスのバラ園「ライ・レ・ローズ」から贈られたジョセフィーヌコレクションも必見。バラの最盛期は5月中旬～6月上旬、10月中旬、11月上旬。

レスキューポイント　レンタサイクルターミナル

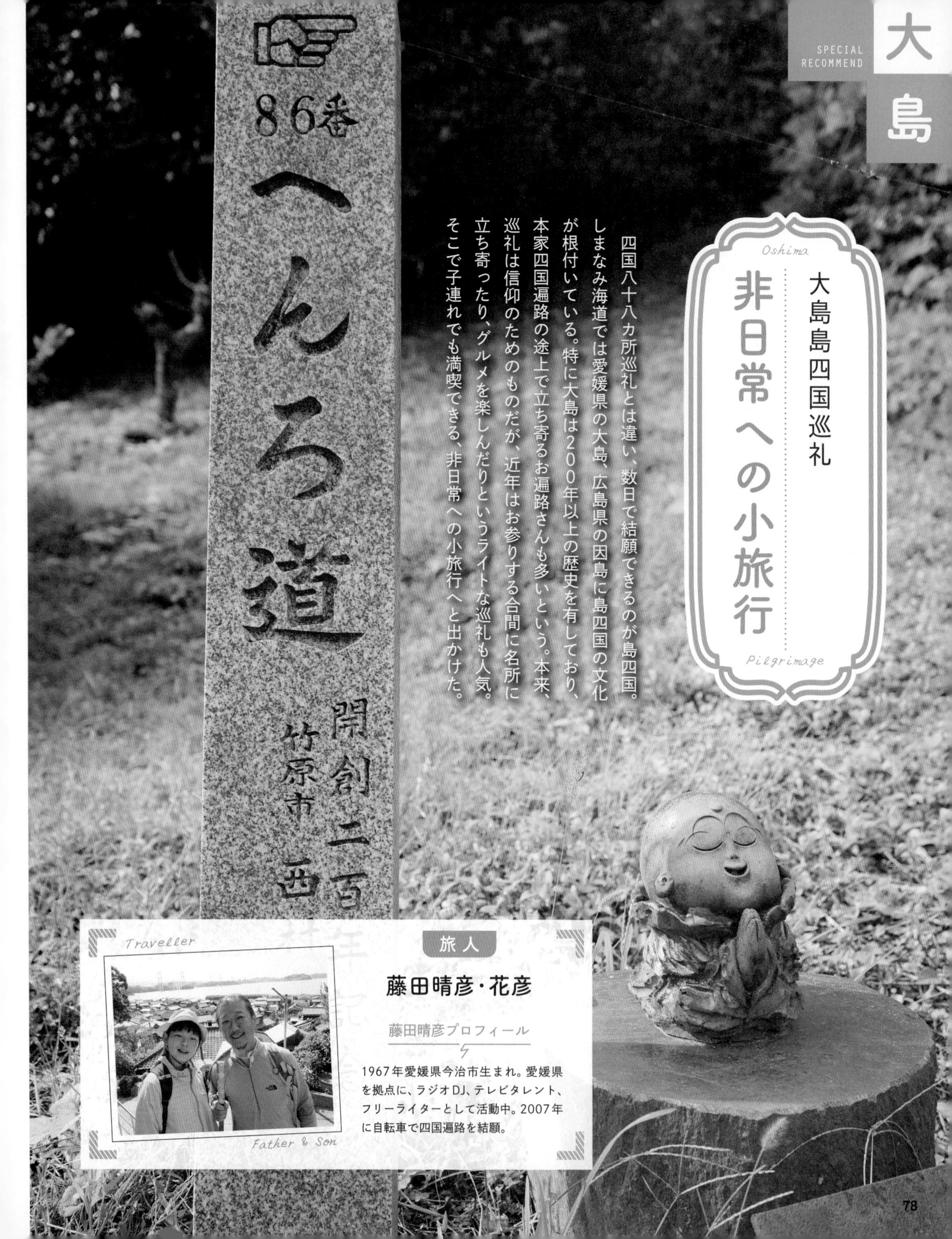

Oshima

大島島四国巡礼
非日常への小旅行

Pilgrimage

四国八十八カ所巡礼とは違い、数日で結願できるのが島四国。しまなみ海道では愛媛県の大島、広島県の因島に島四国の文化が根付いている。特に大島は２００年以上の歴史を有しており、本家四国遍路の途上で立ち寄るお遍路さんも多いという。本来、巡礼は信仰のためのものだが、近年はお参りする合間に名所に立ち寄ったり、グルメを楽しんだりというライトな巡礼も人気。そこで子連れでも満喫できる、非日常への小旅行へと出かけた。

Traveller

Father & Son

旅人

藤田晴彦・花彦

藤田晴彦プロフィール

1967年愛媛県今治市生まれ。愛媛県を拠点に、ラジオDJ、テレビタレント、フリーライターとして活動中。2007年に自転車で四国遍路を結願。

大島島四国の予備知識

大島島四国（伊予大島准四国霊場）とは、大島内に点在する88の札所と3つの番外札所の巡礼の呼称。全行程63km、徒歩だと2泊3日ほど、車だと1泊2日で結願できる。海南寺、高龍寺、法南寺、福蔵寺の4つの寺の札所には住職が常駐するが、それ以外は地域の人が守る無人の小さなお堂が札所となっている。

毎年4月の第3土曜を初日とする3日間だけは各札所で島民たちによるお接待が行われる「へんろ市」が開催され、全国各地からお遍路さんがやって来る。歴史は古く、文化4年（1807）3月20日、医師の毛利玄得と庄屋の池田重太、修験者の金剛院玄空が大変な苦労の末に開創した。開創者や巡拝者が今治藩から迫害を受けた時期もあったが、民衆の信仰心は根強く京都の門跡寺院、御室仁和寺本山御所から准四国を称することが許可され、島四国は自由に巡拝できるようになった。

Amazing!!

ツーリング気分が一転、「有り難さ」を知る道のり

初めて大島島四国（伊予大島准四国霊場）を巡ったのは数年前。信仰心からではなく、運動不足解消のツーリング気分で自転車で巡ったのだが、札所の本堂や大師堂では、無意識に手を合わせる自分がいた。そしてある時は古いお寺の前、ある時は温かいお接待を受けて、ある時は美しい海を目にした瞬間、読んで字の如く「有り難さ」を学んだ。そんな経験を小学生の息子にもさせてやりたくて、車で大島へと出かけた。

旅の始まりは、島の北端にある一番札所前の防波堤。胸一杯に吸い込んだ潮の香りに気分がしゃんとする。四国遍路に比べると札所間が短いので、せっかちな僕にはこっちの方が向いている…。最初のうちはそう思っていたけれど、ゆったり流れる島時間の中にいると、次第に遍路の世界へ没入できた。

地元のお接待は「善」そのものだ。自分の前に現れる島人を、すべてお大師さんの化身だと思って接するのは僕の流儀。また知らない自分と出会うため、普段やらない事をやってみる。たとえば参道のゴミを拾う、出会った名も知らぬ人に話しかける、普段食べない物を食べる。

お昼どき、大島で代々漁師をしている先輩に電話をして地元民おすすめのお店を聞いたところ、彼のご親戚が営むお店「雅」を紹介され、普段口に出来ないような贅沢な昼食をいただいた。それでもちょっと遠慮して海鮮丼（2300円）を選んだ僕に対して、息子は無邪気に「ウニ丼（時価、この日は4000円）」と声を張る。たまのことだから…と思いながら、ウニ丼をひと口分けてもらい、思わず唸った。この島で捕れたウニは風味が良くクリーミー。ほのかな甘味を感じ、口の中に味が長く留まる。臭みや雑味がまったくない。その他の海鮮も鮮度がよく身がしまっており、どちらの丼も大島に来なければ食べられない価値のある地元飯だった。

疲れを忘れさせてくれるしまなみ随一の絶景

午後は島の南側に移動。亀老山の中腹にある34番札所を打った後、時間と体力に余裕がある方は、山頂にある建築家・隈研吾氏が設計した亀老山展望公園をぜひ訪れて欲しい。瀬戸内海を360度見渡せるしまなみ海道の中で最もおすすめの絶景スポットだ。美味いものに目がない息子が目ざとく見つけたのは、「お取り寄せランキング第1位」との宣伝文句。名物の藻塩ジェラート（400円）だ。この景色を眺めながらだとなおさら美味しい。

山を下りて海の玄関口、道の駅よしうみいきいき館で息子が注文したのは瀬戸内の島ならではのファストフード。「ちょい辛 はみ出し鯛カツバーガー（580円）」という鯛のフライにチリソースが効いた新商品だ。みかんソーダ（350円）とともに「今まで食べたフィッシュバーガーの中で一番うまい」とあっと言う間に平らげた。

Delicious!!

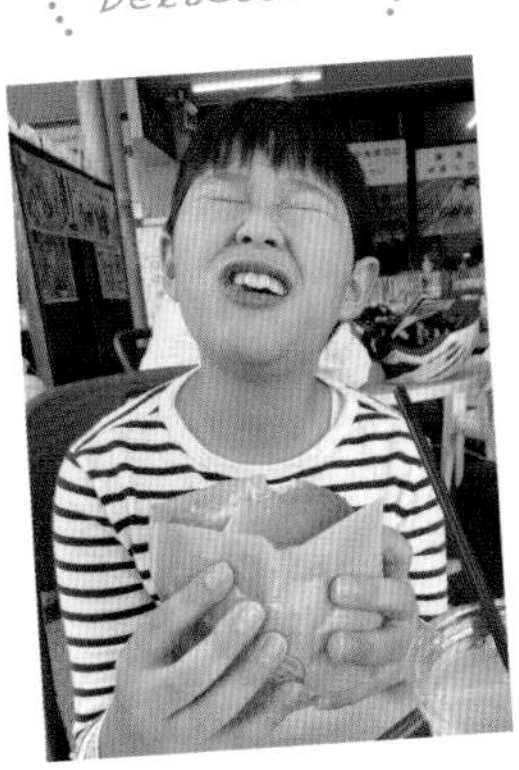

多くの人に支えられ、受け継がれる島四国の文化

伊予大島准四国霊場会の事務局でもある47番札所法南寺は、来島海峡大橋が一望出来る高台にある。愛知県から大島に移り住み、島四国のお世話を始められて12年になる西本宥健住職は、「お参りにお越しになったご高齢の方が『こちらにお参りに来るのが楽しみで元気をもらって帰るんです』と言っておられました。確かに年を追う毎にお元気になられています。信心深い人が多い大島で、自然ややさしい人の心も頂いて元気になって帰られるのかも知れません。信仰の力で200年以上も守られてきた島四国は私たちの宝です。高齢過疎化で維持してゆくのも大変ですが、皆様の尊い力で運営が成り立っています。これからもしっかり守り続けていきます」と力強く話してくれた。

ゴールテープは無いがそれでも感動のゴール

結願所である88番札所は1番札所のすぐ手前にある。くす玉やゴールテープが用意されているわけではないが、結願した者にしか分からない喜びがある。結願の瞬間、下腹から熱いものが沸き上がり、旅の開放感も相まって両手を伸ばして青空に吠えた。「うおおおお〜!」。

車だとゆっくり打っても一泊二日で結願できる。ルールは寛容、一度にすべてを巡らずに別の日に区切って打ってもいい。「小さな四国遍路」だと思って巡るもよし、観光やウォーキングだと思って歩くもよし、旅の目的は何であってもいい。

帰宅して鏡で自分の顔を見ると、眉間が広く明るくなったように感じた。感動の映画を見終わった後のようなすっきりした表情。島四国が自分をニュートラルに戻してくれたのかも知れない。またこの顔の自分に会いたくなったら島四国を歩こう。そして息子もいつか、今日の小さな記憶を思い出し、また島を訪れる日がくるかもしれない。白髪になって腰の曲がった僕の手を引いて。

立ち寄りスポット

ウニ丼、海鮮丼など大島の海の幸が味わえる名店。

1 雅《みやび》

愛媛県今治市宮窪町宮窪5166
0897-86-2688 営 11:30〜14:00、17:00〜21:00(月曜は夜営業休み)、売り切れ次第閉店
休 火曜 P あり MAP P.77 C-2

時間があれば豪快に楽しむ海鮮BBQもおすすめ。

2 道の駅《みちのえき》よしうみいきいき館《よしうみいきいきかん》

愛媛県今治市吉海町名4520-2
0897-84-3710 営 9:00〜17:00(レストラン10:00〜16:00、ラストオーダー 15:00) 休 1月1日
P あり MAP P.77 A-4

展望台に上がった後にぜひ立ち寄りたい売店。

3 亀老山売店《きろうさんばいてん》

愛媛県今治市吉海町名 亀老山展望台入り口 営 9:00〜16:00
休 1月、2月、雨天時 P あり
MAP P.77 B-4

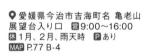

縁日（へんろ市）と巡拝の心得

白装束のお遍路さんが行き交う「へんろ市」は大島の春の風物詩

4月の第3土曜を初日とする3日間、大島では「縁日（へんろ市）」が開催されている。期間中は島人がお遍路さんをお接待し、島には鈴の音が鳴り響く。もちろん年間を通じて、自由に巡拝することが可能。全行程は徒歩だと2泊3日を目安にするとよい。また札所の中でご住職がいらっしゃるのは、8番海南寺、33番高龍寺、47番法南寺、79番福蔵寺の4ヶ寺のみであることから、へんろ市開催時以外の納経は難しい。へんろ市の際には、この4つの寺院と下田水港の仮設案内所で納経帳を販売している。納経料は1札所につき100円。納経受付は7時～17時を目安に。

巡拝の目安

巡礼路には次の札所を示す道標がある。
これを参考にしながらのんびりと歩を進めたい

徒歩で巡拝の場合

【初日】
7:00に**44番**▶12:00に**65番**▶17:00に**85番**
【2日目】
7:00に**85番**▶12:00に**10番**▶17:00に**19番**
【3日目】
7:00に**19番**▶12:00に**33番**▶17:00に**44番**

車で巡拝の場合

【初日】
7:00に**44番**▶12:00に**79番**▶17:00に**10番**
【2日目】
7:00に**10番**▶12:00に**33番**▶17:00に**44番**

CHECK
島内のあちこちで見かける「へんろ道」の道標

※第39番札所、第45番札所は2ヶ所あります。

島四国は道標が十分とは言えず、また札所の一部は分かりにくい場所にある。縁日開催時以外に回るのであれば、住職在住の4ヶ寺で販売しているイラスト地図（300円）の購入がおすすめ。
問合せ／伊予大島准四国霊場会事務局（47番札所法南寺）
tel.0897-84-2155

1 正覚庵
2 海岸堂
3 自光庵
4 無量寿庵
5 寿気庵
6 医王庵
7 付属庵
8 海南寺
9 大聖庵
10 證明寺
11 潮音堂
12 宝珠庵
13 常住庵
14 千光寺
15 三光庵
16 密乗庵
17 大慈庵
18 利生庵
19 善福寺
20 靏林庵
21 平等庵
22 洗巌堂
23 三門堂
24 光明堂
25 最勝堂
26 地主庵
27 善徳寺
28 吉祥庵
29 極楽寺
30 竹林庵
31 三角庵
32 弥勒寺
33 高龍寺
34 妙法堂
35 布留坊
36 艸深庵
37 示現庵
38 仏浄庵
39① 宥信庵（吉海町正味）※
39② 宥信庵（吉海町名水場）※
40 浄花庵
41 海照庵
42 證林庵
43 蓮花庵
44 十楽庵
45① ゆるぎ山岩屋寺※
45② 大師堂※
46 観音堂
47 法南寺
48 善女庵
49 亀甲庵
50 宝幢庵
51 利益庵
52 西蓮寺
53 牛頭山
54 昌清庵
55 櫛野辺堂
56 万性寺
57 道場庵
58 霊仙寺
59 金剛院
60 遍照坊
61 般若庵
62 大来庵
63 普光寺
64 五光庵
65 福寿庵
66 供養堂
67 紫雲庵
68 知足庵
69 蓮台庵
70 車南庵
71 金光庵
72 釈迦庵
73 浄土庵
74 五大院
75 誕生庵
76 不動堂
77 西大寺
78 千行堂
79 福蔵寺
80 常楽庵
81 光明庵
82 西照庵
83 永楽庵
84 石風呂薬師堂
85 照月庵
86 万福寺
87 随心庵
88 灌潮庵
番外① 観音堂
番外② 飛石寺
番外③ 日切地蔵

物語の世界から 飛び出したような レモン通りに佇む空間

海が見えるテラス席で、島の空気を感じながらのんびりと過ごすのもおすすめ

みかんやレモン畑に囲まれた庭に建つ赤い屋根の建物

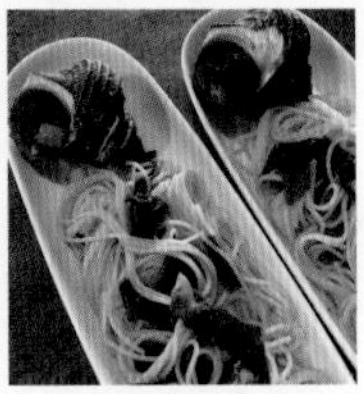

サザエを贅沢に使ったサザエパスタ（1,300円）

広い庭に建つシャビーな建物は、オーナー夫妻が廃材などを活用してリノベーション。店内は絵本の世界のようで、どこか懐かしい雰囲気が漂う。料理は「サザエパスタ」や季節の「フルーツジュース（500円）」など、地元食材を活かしたメニューがずらり。自家製ケーキも評判が良い。

FOOD

友浦サイト《トモウラサイト》

愛媛県今治市宮窪町友浦664-2　090-1177-3545　営12:00～16:00　休月・火曜、不定休あり　Pあり　西瀬戸自動車道大島北ICから車で12分、大島南ICから車で20分　MAP P.77 C-3

建物は海を一望する小高い丘の上に建っている

「喜多御膳（3960円）」は、水揚げによって内容が変わる

老舗寿司店で味わうのは 渦潮に揉まれて育った地魚

外装や内装に大島の特産品の大島石を贅沢に使った重厚な建物は圧巻。この雰囲気とともに味わうのは、来島海峡や宮窪瀬戸の激しい潮流に揉まれて育った地魚料理。看板メニューの「喜多御膳」は、握りすしや鯛のお吸い物、自家製のえびみそなど島を味わい尽くす逸品。

FOOD

喜多寿し《キタズシ》

愛媛県今治市宮窪町宮窪2214　0897-86-2170　営11:30～14:00、17:30～21:30※コロナ対策で21時までの時短営業中　休火曜、月曜の夜（祝日を除く）　Pあり　西瀬戸自動車道大島北ICから車で5分、大島南ICから車で10分　MAP P.77 C-2

多島美を眺めながら ワインを楽しむ 自然派ワイン専門店

自然派ワイン好きのオーナーが、「気軽に自然派ワインを買えるお店を作りたい」と2022年夏にオープン。フランスなど欧州の産地を中心に、手に取りやすい2～3,000円台のワインが揃う。しまなみの多島美を一望できるウッドデッキでは購入したワインを味わえる。

生産者のこだわりなど、ワインに関する情報を聞きながらセレクトしたい

SHOP

ENOTECA NATURALE《エノテカ ナチュラル》

愛媛県今治市吉海町田浦404
070-4011-6933　営11:00～16:00　休水・日曜
Pあり　西瀬戸自動車道大島北ICから車で15分、大島南ICから車で15分　MAP P.77 B-2

絶景も島時間も 味わえる ベーグル専門店

見た目も味も最高のベーグルは1個220円（税込）～

愛媛県内やしまなみで採れた食材を中心に、素材にこだわって作られたベーグルの専門店。いずれも見た目が美しく、もちもちとした食感も魅力だ。イートインができる2階の席からは、ゆったりと広がる海と沖を行き交う船を眺めることができる。

インテリアのお手本になりそうなイートインスペース

SHOP

コナノワ

愛媛県今治市宮窪町友浦3227-1
0897-72-8755　営11:00～16:00売り切れ次第終了（インスタにて告知）　休月・火・木・金・日曜
Pあり　西瀬戸自動車道大島北ICから車で10分、大島南ICから車で20分　MAP P.77 D-3

素材は新鮮な地魚！ 昔ながらの製法を守る店

創業70年以上の老舗かまぼこ店。厳選された素材を石臼で練り上げた「水軍かまぼこ」はもちもちとした食感がやみつきになると人気。他にも豊富な練り製品が揃っており、この店でしまなみ土産を調達したい。

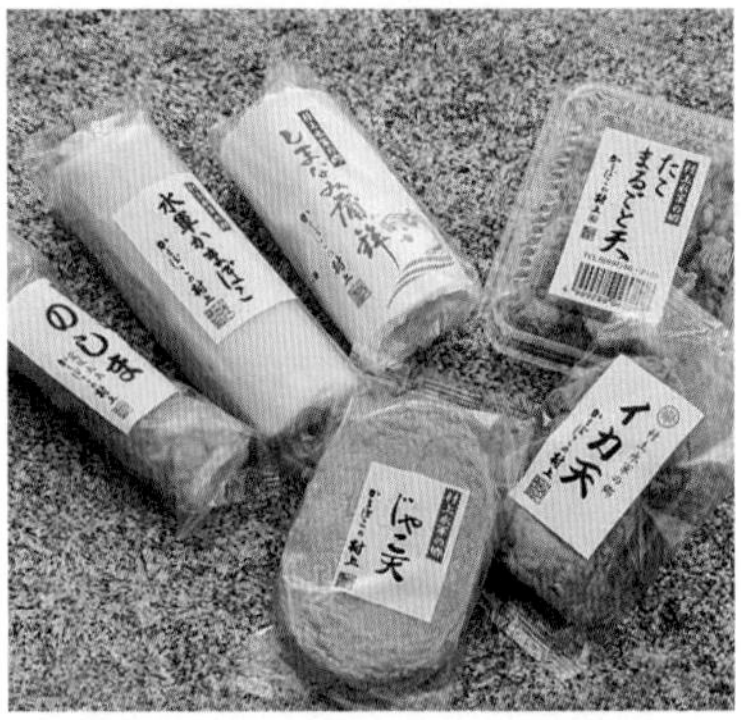

「水軍かまぼこ」は1本346円（税込）

SHOP

かまぼこの村上《カマボコノムラカミ》

愛媛県今治市宮窪町宮窪2784
0897-86-2148　営7:00～18:00　休不定休
Pあり　西瀬戸自動車道大島北ICから車で5分、大島南ICから車で15分　MAP P.77 C-2

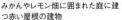

日常と旅の境目をなくす「遊び場」としての宿

季節や天候によってはフルオープンで外の息吹を室内に取り込んで過ごすのも良い

味わい深い看板が建物内へと誘う

古民家を改修した1棟貸切の宿は、故郷に帰ってきたような安心感。旅先でありながら日常の延長のような気分に浸れる。建物は2階建てになっており、1階は部屋と庭の境目がなく、室内にいながら自然を感じられる開放的な造り。軒下の半屋外空間も様々に活用できる。

STAY

足るを知る《タルヲシル》 木洩れ日る《コモレビル》

愛媛県今治市吉海町田浦378
090-8228-4291 営IN15:00〜、OUT〜11:00
休なし ¥1棟2名利用22,000円〜 Pあり
西瀬戸自動車道大島北ICから車で15分、大島南ICから車で15分 MAP P.77 B-2

地魚料理を味わうサイクリングサポートの宿

建物はしっとりとした日本家屋

1日2組限定で、貸切利用も可能な小さな宿。きめ細やかなサービスや臨機応変な対応が魅力で、県内産やしまなみ産の食材にこだわった食事も人気だ。サイクリストでもあるオーナーの出張レスキューや自転車整備も受けられるので、初めての自転車旅にも安心。

大阪から移住したオーナー松井夫婦との会話も旅の醍醐味。サイクリングプランの相談にも乗ってくれる

STAY

しまなみ海道《シマナミカイドウ》 お宿《オヤド》 ぽんぽこ《ポンポコ》

愛媛県今治市吉海町福田1252-1
0897-72-8808 営IN16:00〜20:00、OUT〜9:30 休不定休 ¥1泊5,000円〜 Pあり
西瀬戸自動車道大島北ICから車で7分、大島南ICから車で7分 MAP P.77 B-3

みかん倉庫の雰囲気が、上手く生かされた店内

ランチセット(1,600円)では、大島産の野菜をたっぷり味わうことができる

みかん倉庫を改装した店内で味わう「島の味」

兵庫県から移住したオーナーが提供するのは、島の新鮮な食材を生かしたランチ。季節の野菜を使っているため、いつも同じではないのがかえって楽しい。みかん倉庫をリノベーションした店内は天井が高く開放的。どこか懐かしさもあり、落ち着くことができる。

FOOD

みやくぼ しまのダイニング

愛媛県今治市宮窪町宮窪4753-1
090-3941-0274 営11:30〜16:00 (L.O15:00)
休月〜金曜(祝日は営業)、不定休あり Pあり
西瀬戸自動車道大島北ICから車で3分、大島南ICから車で10分 MAP P.77 C-2

穏やかな優しさが惹きつける!農家さんが営むカフェと宿

毎月10日には「とおか市」を催し、音楽演奏や出店を楽しみに島内外から人が集まる

農薬や肥料、機械に頼らない野菜作りを行う農家・とうかげんが営むカフェと宿は、心も体もゆるめてくれる場所。体に優しく美味しいランチは、予約制で提供。カフェスペースを貸切で利用できるのも贅沢だ。宿泊は1日1組限定でゆったりと島時間を満喫することができる。

STAY

とうかげん

愛媛県今治市宮窪町友浦2608
0897-72-8381 営10:30〜14:00 (要予約) IN15:00〜、OUT〜10:00 休不定休 ¥1泊2食付8,800円〜 Pあり 西瀬戸自動車道大島北ICから車で7分、大島南ICから車で15分 MAP P.77 D-3

絶景を眺めながらゆったりくつろぎのカフェ&宿

客室は3部屋。全室から海を眺めることができる

海を一望する店内。外にはテラス席があり、より開放感を満喫できる

人気カフェが2019年に移転し、新たに民宿も始めたとして話題に。予約制のカフェは窓越しに、空と海を眺めることができる。すぐ目の前が海なので、ランチの前後で砂浜に出てのんびりすることもできる。宿は1日3組限定。島の幸を使った食事付きで利用したい。

STAY

結乃屋《ユイノヤ》 MITSUBACHI《ミツバチ》

愛媛県今治市吉海町南浦825
0897-72-8345 営11:00〜15:00 (要予約) IN16:00〜、OUT〜10:00 休日〜火曜(宿泊は日曜休み) Pあり 西瀬戸自動車道大島北ICから車で15分、大島南ICから車で5分 MAP P.77 B-5

モダンな建物のファサード

絶景を眺めながらゆっくりと流れる島時間を味わう宿

海沿いに建つ洗練された1棟貸切の宿は、非対面式の気軽さと、モデルハウスのようなスタイリッシュな空間が魅力だ。備え付けのキッチンで料理をすることもできる。目の前には一面の海が広がり、時間の経過とともに色を変える海を眺めながら過ごすのも贅沢。

寝室は2部屋あるので、2家族での利用もおすすめ

STAY

しまなみ《シマナミ》VILLA《ヴィラ》蒼《ソウ》

愛媛県今治市宮窪町宮窪6080
090-5712-9159 営IN16:00〜、OUT〜10:00
休不定休 ¥基本料金13,200円(+1人5,500円)、休前日・繁忙期など基本料金変更あり Pあり
西瀬戸自動車道大島北ICから車で3分、大島南ICから車で10分 MAP P.77 C-2

瀬戸内
離島
漂流記

しまなみのその先へ

とびしま海道
ゆめしま海道

The adventures of setouchi remote island

「離島」の響きに誘われて

とびしま海道 編

離島を舞台としたサバイバル漫画とバイオホラー小説を立て続けに読んでいたら「離島に行ってみないか」と誘われた。「離島」という言葉に魅惑の響きがあるのは、海により外界と隔てられているために、島の風土や文化、人情といった諸々が真空パックされているようなイメージだからか。その混じりっ気なしの100% PUREな「島感」に、旅人は旅情を掻き立てられるのだ。

岩礁に置かれたベンチからの眺めは最高

サイクリング中でもお手製の看板につい足をとめてしまう

スローな島時間を感じて サイクリストの休憩スポット

下蒲刈島の魅力を発信しようと有志が新たな観光スポットとして命名し看板も設置。岩礁の上に置かれたベンチに腰をおろせば、看板に書いてあるようにゆったりとした島時間が感じられる。最近ではとびしま海道を走るサイクリストたちの休憩スポットでもある。

下蒲刈島

1 しげ島《しげじま》

広島県呉市県道288号線 ¥見学自由 Ⓟなし 🚗安芸灘大橋から車で12分、岡村島岡村港から車で40分

「とびしま海道」の快走路を自転車で駆け抜ける

目指したのは瀬戸内海にある「とびしま海道」と呼ばれる島群。5つの有人島と2つの無人島からなり、全てが橋で繋がっているので、クルマや自転車で容易にアイランドホッピングが楽しめる。また、西端の下蒲刈島は安芸灘大橋で本州と繋がり、東端の岡村島は「しまなみ海道」の大三島と車載可能なフェリーで繋がっているため離島といえどもアクセスは良い。

サイクリストの聖地「しまなみ海道」に対して「裏しまなみ」とも呼ばれる「とびしま海道」。やはり自転車でめぐるのが王道の楽しみ方だろう。手始めに西端の下蒲刈島を自転車で一周してみる。島の中心地、三之瀬地区を起点に時計回りでざっと14㎞。道路は島の沿岸を周回しており、海面と路面の高さにほとんど落差がない。波の穏やかな瀬戸内ならではの低い防波堤のおかげで視界は広い。アップダウンがなくペダルは軽快に回り、ぐんぐんとスピードにのる。信号もなくクルマはたまさかにすれ違うのみ。

照り映える海にはいくつもの島影、その向こうに四国山地の稜線が霞む。島と島が近いから自転車の速度でも島陰は刻々と角度を変え、景色は常に変化する。ちょっと頑張れば「ヨッ」とひとまたぎできそうな島々はまさに飛び石、「とびしま海道」たる由縁である。

文・写真／なえだガタリ

自転車、サウナ、旅を愛する文筆家。
ブログ「ガタリ夜話」にて卍な日々を発信。
https://gatarinaeda.com

三之瀬地区の細路地、上蒲刈島の屋台うどん

サイクリストの休憩ポイント「しげ島」は外せない。ベンチに腰かけて波間にたゆたうようなスローな島時間を満喫したら、その先は進路を北に向ける。海の向こうに広島、呉の街なみが見えた。さらに進んで本州とつながる安芸灘大橋が見えると、それから間をおかずに三之瀬地区に到着。時速15kmほどののんびりペースで約1時間、速い人なら30分ほどで一周できるサイズ感だ。

かつて港町として栄えた三之瀬地区。港町は家を密集させて海からの強風に耐える造りになっていることが多い。結果、猫の通り道のような細い路地が生まれ、特有の景観となる。ここは港からすぐ斜面になっているため階段路地になっているのが特徴で、行き止まりと思われたその先にまだ路地が続いていたりする。島の営みそのものである階段路地に迷い込むと、どこか懐かしい不思議な気分にさせられる(ただしプライベートゾーンへの立ち入りは厳禁だ)。次の島、上蒲刈島に面白いうどん屋がある。軽バンが屋台小屋に突っ込んだ外観の「うどんの原」である。車内が厨房になっている。きつねうどん５００円とおむすび１１０円。昆布と鰹で丁寧にとった出汁は想像した通りの、いやそれ以上の優しい味わい。

島サイクリングの醍醐味はフラットな快走路だけじゃない。いわゆる「しま山」にある展望台も楽しみのひとつ。オフィシャルの展望台ではないが、ネット上で「名もなき展望台」と呼ばれる絶景ポイントがある。観光用に整備されたのではない、天然の展望台からの眺めは絶景中の絶景。場所が少しわかりにくいのと、足場が砂利で滑りやすく柵などもないのでご注意を。

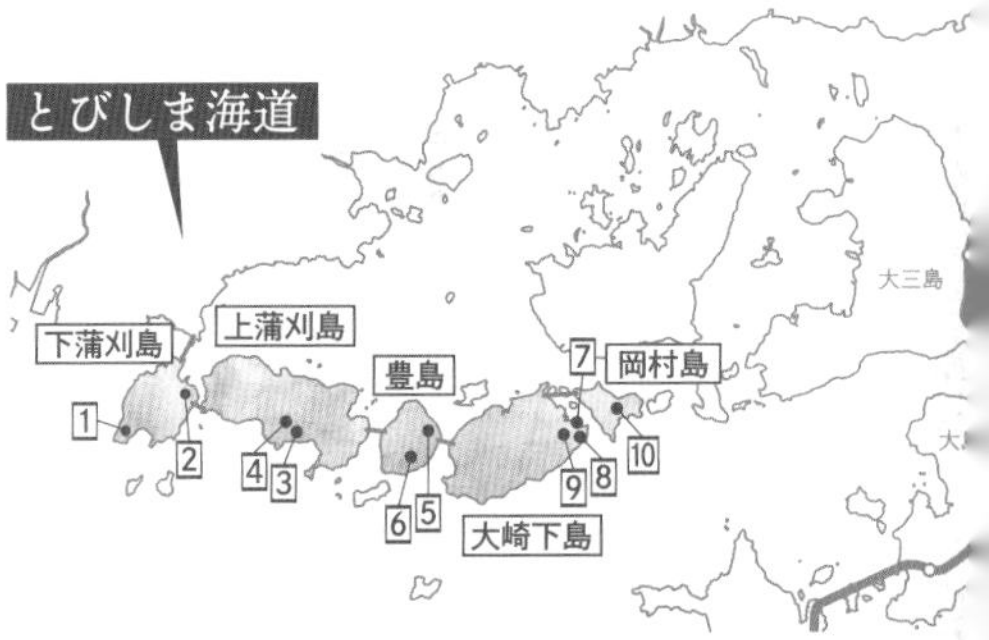

人ひとりが歩けるぎりぎりの道幅

濃厚な生活空間。かすかに漏れ聞こえる生活音

家々が密集したそのすき間 斜面に現れる階段路地の光景

海上交通の要衝として栄えた三之瀬地区。港町特有の細路地が斜面にまでおよび、階段となって続く光景が見られる。三之瀬地区には他にも資料館の松濤園、蘭島閣美術館、三之瀬御本陣芸術文化館、石段造りの船着場である福島雁木など見どころは多い。

下蒲刈島

2 三之瀬地区の階段路地《さんのせちくのかいだんろじ》

広島県呉市下蒲刈町三之瀬302周辺
¥ 見学自由 P 近隣無料Pあり(500m南、海駅三之関向かい) 🚗 安芸灘大橋から車で5分、岡村島岡村港から車で35分

キッチンカーのうどん屋台 優しいご夫婦の優しい味

軽バンが屋台に突っ込んだ外観の面白いうどん店。軽バンが厨房になっていて、初めてのお客さんにも気さくに話しかけてくれる優しいご夫婦が営む。メニューはうどんが5種類とはいからそば、おむすび。海を見渡せる場所にあり晴れた日はテラス席で食べることも。

軽バンをカスタムした厨房がかっこいい

テーブルの上の自家製梅干しもうれしい

上蒲刈島

3 うどんの原《うどんのはら》

広島県呉市蒲刈町大浦3103
090-6434-4031 営 11:00～15:00
休 水曜、木曜 ¥ きつねうどん500円、おむすび110円、元就全部のせ850円 P あり
🚗 安芸灘大橋から車で10分、岡村島岡村港から車で25分

人の手が入っていないので人工物の一切見えない絶景

非常にわかりにくいが
ここが入り口

知られざる絶景中の絶景 整備されてない天然の展望台

ネット上で「名もなき展望台」と呼ばれる知る人ぞ知る天然の展望台。瀬戸内らしい多島美と、晴れた日は四国まで見渡せる。ただしオフィシャルの展望台ではないので安全対策はされていない。足元は砂利で滑りやすいので訪問の際は十分な注意が必要。

上蒲刈島

4 名もなき展望台《なもなきてんぼうだい》

広島県呉市蒲刈町大浦３３４１ ¥ 見学自由 P なし 🚗 安芸灘大橋から車で15分、岡村島岡村港から車で30分

空中回廊から360度を眺め ロケセットのような御手洗へ

豊島の十文字山展望台も素晴らしい。円形の空中回廊になっていて360度の眺望。この道で合っているのか不安になるほどの険しい道のりだが訪ねる価値はある。島の東側の港町の小野浦地区は、毛細血管のように発達した細い路地の風景が見られる。かつては400人近くが暮らし、地区内に銭湯が2軒もあったらしい。信じられないくらい細い路地には現役のお好み焼き屋があったりして路地マニア垂涎の集落でもある。

4島目は歴史と映画の島・大崎下島。この島を舞台とした作品はNHKドラマ『火の魚』、沖田修一監督『モヒカン故郷に帰る』、アニメ『ももへの手紙』や『たまゆら』、炭酸飲料のCMなど枚挙にいとまがない。映画『ドライブマイカー』のロケ地になったのも記憶に新しい。

見どころはやはり御手洗地区だ。北前船も立ち寄った中継貿易港、風待ち潮待ちの天然の良港として栄え、江戸から明治、大正、昭和初期に建てられた建物が今も残る。そこはかとない気品が漂い「瀬戸内の小京都」とでも呼びたくなる家並みには、映画のセットのようなレトロな理容室や時計店が点在する。そしてそれらが現役で営業されていることに二度驚かされるのだ。

御手洗地区を散策したら「歴史の見える丘公園」にも足をのばしたい。御手洗地区を見下ろす高台にあり、隣の島との距離が近すぎて川にしか見えない海峡という瀬戸内らしい景観が広がる。5島目、6島目は平羅島と中ノ島。無人島だが島には柑橘園があり特産の大長みかんなどを栽培している。心なしか、吹き抜ける風にかすかに柑橘の爽やかな香りがあった。

バイクどころか自転車でさえ通行困難だろう

かつてはこのように商店や飲食店が点在して賑わったのだろう

本当に通っていいのか不安になる路地。頭上では軒先がひしめく

漁師町として栄えた島の中心地 細路地が広がる不思議空間

全盛期は4000人が暮らしていた漁師町、小野浦地区。地区内には銭湯が2軒あったというからその繁栄ぶりがうかがえる。家々は肩を寄せ合うように密集し、その間を路地が毛細血管のように伸びていく空間は不思議な美しさがある。路地の奥には現役のお好み焼き屋も。

豊島

5 小野浦地区《おのうらちく》

広島県呉市豊浜町大字豊島3617周辺
¥ 見学自由 P 近隣無料Pあり（豊浜市民センター前） 安芸灘大橋から車で20分、岡村島岡村港から車で17分

「しま山100選」にも選出 空中回廊から360度の眺め

「しま山100選」にも選ばれた十文字山の頂上にある。そこからさらに8mの高さの空中回廊となっているため、360度遮るもののない眺望が素晴らしい。晴れていれば本州と四国を同時に視界におさめることができる。道のりは険しいがぜひ訪れたいスポットだ。

高さ8mの空中回廊が圧巻の展望台

お弁当を持ってきてここで広げるのもいい

豊島

6 十文字山展望台《じゅうもんじやまてんぼうだい》

広島県呉市豊浜町大字豊島十文字山山頂
¥ 見学自由 P あり 安芸灘大橋から車で35分、岡村島岡村港から車で30分

大正モダンな洋風の外観。「越智醫院レントゲン科」の看板もそのままに

居間では読書したりお茶したり、他の宿泊者と話したりゆったりとした時間を

元医院だった大正モダン建築 旅人を癒すゲストハウス

大正モダンな元医院をリノベーションしたゲストハウス。水色の板壁が目を引きながら歴史ある御手洗の街に溶け込む。「醫」は「医」の旧漢字で病やケガを癒すという意味がある。ドミトリー（相部屋）の他に2名個室、4名個室がある。診察室だった部屋は週末限定のバーに。

大崎下島

7 ゲストハウス醫《げすとはうすくすし》(KUSUSHI)

広島県呉市豊町御手洗255-2
070-2365-0924 IN/16:00～20:00、OUT/9:30 休 木曜 ¥ 個室（最大2名）/9,000円、個室（最大4名）/11,000円、ドミトリー（相部屋）/4,000円 P あり
安芸灘大橋から車で35分、岡村島岡村港から車で13分

島のレモンを贅沢に使った島レモンのバターチキンカレー（600円）

店主の加藤さんは瀬戸内海のように穏やかな人柄のファッショニスタ

迎賓館の華やかさはそのままに、テーブルや床板まで店主がDIYで改装した

島の迎賓館をリノベーション 瀬戸内の風と島レモンの香り

東京から移住した店主が迎賓館をリノベーションした食堂。岡村港から徒歩2分の所にあり目の前は海。名物の島レモンを使ったバターチキンカレーや島レモンラッシー、いい魚が入るとは土日祝限定で魚のランチが出ることも。島の皆さんと一緒に手作りするしま味噌も販売中。

岡村島

10 関前食堂《せきぜんしょくどう》

愛媛県今治市関前岡村甲852-4
090-7211-5571 営 金土日曜、祝日11:00 ～ 14:00（金曜は11:30 ～ 13:30） 休 月～木曜 ¥ 島レモンのバターチキンカレー 600円、島レモンラッシー 400円、手作りしま味噌680円 P あり 車 安芸灘大橋から車で37分、岡村島岡村港から徒歩2分

潮待ち風待ちの港、御手洗地区 その歴史を一望する公園

江戸時代より海上交通の要衝として、風待ち潮待ちの港町として栄えた御手洗地区を見下ろす丘にある。岡村島、平羅島、中ノ島に囲まれた天然の良港を見渡せば、北前船の入ってくる様子が目に浮かぶよう。遠くしまなみ海道の来島海峡大橋や四国までを望む。

天然の良港がもたらした御手洗地区の繁栄と歴史が眼前に迫る

公園まで車道が整備されており、徒歩なら御手洗から遊歩道がある

大崎下島

9 歴史の見える丘公園《れきしのみえるおかこうえん》

広島県呉市豊町御手洗 ¥ 見学自由 P あり 車 安芸灘大橋から車で35分、岡村島岡村港から車で15分

風待ち潮待ちで栄えた御手洗地区の歴史にそっと溶け込む外観

観音崎を望むこの部屋は映画「ドライブマイカー」のロケ地にもなった

江戸時代末期の建築 1日1組限定の特別な宿

港町御手洗で昭和初期まで営業していた旅館「新豊」。江戸時代末期のその貴重な建物をリノベーションした1日1組限定の宿。往時を偲ばせる柱、梁、格子といった意匠と調和する現代的な調度品、そしてとびしま海道の食材を使った四季を感じる創作懐石で特別な時間を。

大崎下島

8 閑月庵新豊《かんげつあんしんとよ》

広島県呉市豊町御手洗313
050-7128-3003 営 IN/15:30 ～、OUT/11:00（チェックインに関して特に締切はないそうです） 休 なし ¥ 1泊2食付44,000円 P あり 車 安芸灘大橋から車で35分、岡村島岡村港から車で15分

島のサイズ感に魅了されて 迎賓館をリノベして食堂に

ついに7島目。岡村島は沿岸道路を一周して9kmほど。無人島を除けば「とびしま海道」で最も小さい。これまでの島が広島県呉市に属し「安芸灘諸島」としてひとくくりなのに対し、岡村島だけは愛媛県にあることから広島県が作る地図では岡村島だけが除かれていることもある。さらに他の島と比べて商店なども少ないのだが、近年移住者が増えている。「サイズ感がちょうど良かった」。そう語るのは東京から岡村島へ移住した加藤成崇さん。加藤さんは移住するなら離島と決めていたらしい。同じ離島でも「しまなみ海道」の島などは大きすぎて島にいる実感が薄いが、岡村島はどこにいても海が見えて濃厚な島感があるのだという。それでいて本州とは地続き、空路なら東京まで約3時間というのは離島とは思えない。

加藤さんは2020年に島の迎賓館をリノベーションして関前食堂をオープンした。「離島に迎賓館？」思わず聞き返す。岡村島の隣の小大下島はかつて石灰業で栄えた島である。企業の要人をもてなすための迎賓館が必要だった。石灰業の閉山後は長く倉庫として使われていたが、たまたまその撤去作業をしているところに出くわし、食堂として引き継ぐことになったという。迎賓館の華やかなムードはそのままに、うまくリノベーションされている。目の前はもちろん…海だ。

ちなみに岡村島と小大下島、大下島の3島を関前諸島と呼ぶ。関前諸島を経てしまなみ海道の大三島まで「とびしま海道」を延伸する構想もあると聞く。島の人たちは「実現は困難じゃないか」と言うが、サイクリストにとってみればなんとも夢のある話ではあるまいか。

悲願の岩城橋開通のその後

● ゆめしま海道 編

The adventures of setouchi remote island

岩城島、生名島、佐島、弓削島の4島からなる「ゆめしま海道」。弓削島〜佐島間の弓削大橋が1886年に、佐島〜生名島間の生名橋が2011年に開通。以降、岩城島だけ未架橋の状態が続いたが、2022年3月、悲願だった岩城橋が生名島との間に架かった。数珠つなぎになった4島を、気ままに巡る旅に出かけた。

ジューシーなカツには岩城島のレモン果汁をたっぷりとかけて

青いレモンの島の島グルメ 定番レモンポーク丼を味わう

青いレモンの島、岩城島はレモンの搾りかすをエサに混ぜて育てる「レモンポーク」が島のグルメになっている。亀井旅館に併設する「ミスティー亀井」では定番のレモンポーク丼やレモンポークカツ定食を味わいたい。やわらかな肉質と上品で甘い脂身が特徴。

昼は食堂、夜は居酒屋になり、旅館も併設

甘辛いタレでさっと炒めたレモンポークはさっぱりとしてご飯によく合う

岩城島

2 ミスティー亀井《みすてぃーかめい》

愛媛県越智郡上島町岩城1523 0897-75-2006
営11:00～13:30、17:00～20:30 休日曜 ¥レモンポーク丼748円、レモンポークカツ定食1,265円 Pあり 岩城島小漕港から車で10分、弓削島上弓削港から車で18分

島の一番高い場所に立つ展望台

「しま山100選」に選出 積善山から望む瀬戸内の絶景

山頂の駐車場からさらに急な階段を5分ほど登った先にある展望台。360度遮るもののない瀬戸内の絶景を満喫できる。麓から山頂まで合計4つもトイレがありサイクリストやハイカーも安心。ゆめしま海道では唯一「しま山100選」に選ばれている。

岩城島

1 積善山展望台《せきぜんさんてんぼうだい》

愛媛県越智郡上島町岩城積善山山頂
¥見学自由 Pあり 岩城島小漕港から車で18分、弓削島上弓削港から35分

生名島、佐島、弓削島まで、ゆめしま海道全島を見渡す

フェリーに乗って島時間へ「わざわざ」を楽しむ

数珠つなぎにはなったものの、「ゆめしま海道」の島に渡るには、必ずフェリーに乗らなければならない。ここが「とびしま海道」との大きな違い。フェリー渡航というワンクッションを面倒と思うなかれ。「ゆめしま海道」では、フェリーは非日常な島時間への接続装置となる。「わざわざ行かなければならない」のが「ゆめしま海道」の個性だ。近年は行きすぎた利便性へのカウンターだろうか、あえて僻地に店を出したり、そうしたお店をわざわざ訪れたり。そんな不便を楽しむような動きが目立つ。キャンプブームやアナログレコードの復興も、そうした「わざわざ」を楽しむことへの憧憬なのかもしれない。

不便とは言いつつも、多様なフェリー航路により門戸は開かれている。しまなみ海道経由で生口島や因島から出ている複数の航路がポピュラーだが、本州からなら新幹線三原駅からほど近い三原港から生名島までの便があるし、四国からなら今治港から「ゆめしま海道」の4島すべてに接続する便もある。

選んだのは生口島からのフェリー便。洲江港と岩城島・小漕港を結ぶ三光汽船の航路で「ゆめしま海道」に入った。便数は1日30便以上、クルマなら4m未満で片道1000円、サイクリストなら大人1人と自転車1台で300円という運賃はかなり手頃だ。ただし港に切符売り場はないからご注意を。フェリーに乗り込んでから係に支払う方式だ。わずか5分の船旅だから航行中もクルマに乗ったままでよく、まるでフェリーのドライブスルーだ。スマホで目的地の地図を確認していたら、たちまち小漕港到着のアナウンスが流れた。

大山鶏の刺し盛りに
上島町産備長炭の焼き鳥、
海鮮づくしに酒もすすむ

立石港切符売り場内のエレベーターで
2階へ上がれば店の入り口

前の立石港からはひっきりなしにフェリーが発着する

ゆったりとした店内。奥は大人数用の座敷席

〆に絶対食べてほしい
鶏ぞうすい(700円)

港の切符売り場2階が酒場
鶏と魚のこだわり料理

朝挽きの大山鶏、漁師から直接買い付ける海鮮にこだわった居酒屋。地元上島町産の備長炭で焼く焼き鳥、浜焼きは絶品。立石港のフェリー切符売り場の2階というロケーションもいい。個人的に鶏刺し盛り(レバー、ズリ、ササミ)と〆は鶏ぞうすいがおすすめ。

生名島

3 居酒屋おかえりなさい《いざかやおかえりなさい》

愛媛県越智郡上島町生名2111-2 080-2908-8990 営 17:00～23:00
休 日曜、祝日 ¥ 鶏刺し盛り1,500円、焼き鳥(もも、ささみ、皮、他)どれでも200円、鶏ぞうすい700円、手作りポテトサラダ400円 P あり 岩城島小漕港から車で12分、弓削島上弓削港から車で15分

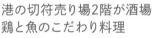

サイクリングロードがUターンする 目にしたのは島の原初の風景

とびしま海道のサイクリングロードにはしまなみ海道と同様にブルーのラインが引いてある。佐島は島の周回道路がないため、最南端まで行くとブルーラインがUターンするというちょっと珍しい光景に出会える。行き止まりの先は広い砂浜になっていて島の原初の風景が見られる。

自転車で走っていると唐突に現れるUターンブルーライン

多くのサイクリストに佐島を縦走してもらいたいという心意気なのだ

島の原初の風景を残す広大なビーチ。燧灘を見渡す

佐島

4 Uターンブルーライン《ゆーたーんぶるーらいん》

愛媛県越智郡上島町弓削佐島南端
¥ 見学自由　P なし　岩城島小漕港から車で25分、弓削島上弓削港から車で20分

男女混浴で水着必須。レンタルがあるので旅先の訪問でも安心

ジャグジーや日替わり風呂はもちろんミストサウナや水風呂まで海水

タラソテラピーでは海の気候も重要視するため露天風呂があるのはうれしい

海水に浸かって健康促進 全国でも珍しい7種の海水湯

海水や海の気候により人が本来持っている自然治癒能力を高めるタラソテラピー（海洋療法）の考えを取り入れた海水温浴施設。難しく考える必要はなくジャグジー、露天風呂、ミストサウナ他、全7種のバスタブに浸かることで心身の健康回復が期待できる。水着とキャップの着用必須。レンタルもあり。

弓削島

5 海水温浴施設 潮湯《かいすいおんよくしせつしおのゆ》

愛媛県越智郡上島町弓削上弓削1907-1
0897-74-0808　営 10:00～19:00（最終受付は18:00）　休 月曜　¥ 一般520円
P あり　岩城島小漕港から車で20分、弓削島上弓削港から車で1分

瀬戸内に見る多島美 箱庭のような海

岩城島に上陸。海道全体を俯瞰したいと、積善山展望台へと上る。「しま山100選」に選ばれた景勝地は、360度遮るもののない絶景が堪能できる。弓削島までが見渡せ、「ゆめしま海道」を手のひらに収めたかのような気分になる。瀬戸内海を賛辞する言葉に「多島美」というのがある。その言葉通り、狭い海域に大小3000余りある島々が作り上げた複雑な地形、島影のグラデーションが美しい。絶景を前にしばし妄想に耽る。頭の中で瀬戸内海から水をとっぱらってみる。瀬戸内海の平均水深は約37mだそうだから、地形的には里山のような景色が目に浮かぶ。

その昔、日清戦争後の講和条約で来日した李鴻章という人が瀬戸内海を見て「日本にも大きな河がある」と言ったそうだ。中国の大河と比較した皮肉とも言われているが、石を山に、苔を森に、白砂を水の流れに見立てた日本人の箱庭観を言い当てているようでもある。「ミニしまなみ」とも呼ばれるコンパクトな「ゆめしま海道」。自転車で島の風を肌に受けつつ、どっぷりとその箱庭に埋没したい。

積善山展望台のふもと、岩城公園からペダルを踏み出す。島の西側の海岸線に出るやいなや、開放的な絶景が連続する。海は透明度が高く魚影が濃い。島の南側の岩城港周辺はスーパーや飲食店、旅館や銀行が立ち並ぶ岩城島の中心地だ。港には「青いレモンの島」の文字。今でこそ瀬戸内はレモンの生産地として知られているが、以前は輸入の黄色いレモンが主流だった。国産の青いレモンは熟れていないと手に取ってもらえなかったらしい。

青いレモンの島
道路の果てには島の原初

青いレモンを特産品として定着させた岩城島は、一歩踏み出してレモンの搾りかすをエサに混ぜて育てる「レモンポーク」を島のグルメとした。「レモンポーク」を使ったメニューは港周辺の「よし正」、「喫茶レモン・ハート」、「ミスティー亀井」などで食べることができる。

2022年3月に完成した真新しい「岩城橋」で生名島へと渡るのは、個人的にはこの旅のメインイベント。生名島には「ゆめしま海道」で唯一のコンビニエンスストアがある。海岸線を走っていると目線の先に大型のスーパーマーケットも見えた。結構なんでも揃うなと思ったが、これは勘違い。スーパーマーケットがあるのは、しまなみ海道の因島だ。それくらい島と島が近い。

島の南側を回り込むと、佐島へ渡る生名橋が見えた。佐島は南北に細長い島だ。海道は島の北をちょっとかすめるだけで、すぐに弓削島に着いてしまう。これじゃああまりに味気ないと、島を一周しようかと思ったら周回道路がない。さてどうしたものかとグーグルマップを眺めていたら、島の南端に「Uターンブルーライン」の文字。しまなみ海道と同様に「ゆめしま海道」にもサイクリングロードにはブルーのラインが引いてある。ここは行き止まりになっていてブルーラインがUターンしている。

島の北端から南端までざっと4.5km。わざわざ「ゆめしま海道」に渡ってきたのだ。「Uターンブルーライン」にも、わざわざ足を伸ばしてみよう。個人的な見解だが、4島の中で最も離島感があるのは佐島だと思う。橋との接着点がわずかだから、島の空気がほとんど漏れなかったのかもしれない。

山道を進む。軽快に下っていると唐突に行き止まり。足下に「Uターンブルーライン」があった。「引き返せ、ここがランズエンドだ」と言っているようだ。ランズエンドは燧灘に突き出した砂浜。それは島の原初の風景だ。

弓削大橋を渡って弓削島へ。島の中心地、下弓削の町に出た。そろそろお腹も空いてきた。広島商船高等専門学校の実習船や民間の商船の料理人、つまり船乗りのコックが作るカレー店「トラットリア アル」が下弓削にある。弓削島の西岸を北上して向かったのは海水温浴施設の「潮湯」。全7種の湯があり、全てが海水だ。

旅の締めくくりは立石港の切符売り場の2階の居酒屋「おかえりなさい」。今治や因島の各港と繋がる立石港はフェリーの発着も多く、周辺には家族や友人を待つクルマが待機する。「おかえりなさい」の電飾看板が島へ帰ってくる人を出迎えているようだ。

後のせ野菜で
彩りも鮮やかな
アルカレー

シンプルでおしゃれな店内、
天井からのハンギンググリーンも目に楽しい

船上の料理人が作るカレー
野菜を後のせする理由とは

商船高等専門学校の実習船などで50年料理人を務めた店主の前川さん。生徒が交代で食事を摂る船内では最初と最後で具材のバランスが変わったり、煮込むと彩りをなくす事から野菜は後のせにしていたそう。今ではサイクリストや卒業生たちがこの船乗りスタイルのカレー目当てに訪れる。

弓削島

6 Trattoriaアル《とらっとりあある》

愛媛県越智郡上島町弓削下弓削716
080-2649-0001　営11:00～14:00
休 水曜、木曜　¥アルカレー 800円、子供カレー 500円、トンカツトッピング200円
P あり　岩城島小漕港から車で15分、弓削島上弓削港から車で7分

お店の看板犬、
アルくんがお出迎え

時折イベントも開催される開放感のあるテラス席

MATSUYAMA 1COIN ART PROJECT

美しいしまなみの景色を、あの人に

マツヤマ ワンコインアート プロジェクトは、フォトグラファー、デザイナー、コピーライターなど愛媛在住の10人のクリエーターが、「自慢したくなるアートな愛媛の情景をポストカードに」と1枚120円のオリジナルポストカードを制作。各クリエーターの感性が生みだしたポストカードは、県外の方や海外からの観光客にも人気。

～大切な人に届けたい、絶景と素直な気持ち～

しまなみ海道を旅した。間もなく日が暮れようという時間、ガイドブックに掲載されている展望台へと上がった。そこにあったのは言葉を失うほどの絶景。青い海と空が茜色に染まり、ゆっくりと時間が過ぎていく。カメラのシャッターを切ることも忘れて、ただ見とれてしまう。「この景色を見せてあげたいな」。ふと頭に浮かんだのは、故郷で暮らす両親の顔。それからめっきり会う機会が少なくなった懐かしい友人。しまなみの旅の思い出をひとことだけ綴って、この感動をおすそ分けしたい。

手にした「マツヤマ　ワンコインアート　プロジェクト」のポストカードには、あの日見た美しい情景も、まだ見たことのない美しい情景もある。単に写真を送るのとは違い、そこには自分の書いた文字を綴ることができる。便利さに慣れて、ついついメールでコミュニケーションを済ませがちだが、たまには書き文字のコミュニケーションもいいもの。あの日の夕焼けに似たポストカードは、写真たてに入れた。それを目にするたび、今度はいつしまなみ海道に行こうか、とわくわくする。

しまなみエリアの多彩な宿

Have you fixed where to stay?

しまなみ海道の島、さてさてどこに泊まりますか？
お気に入りの宿を探して、ぜひ島旅の拠点に。
日常では味わえない、のんびりした島時間を過ごしてリラックス。
波の音と共に目覚めたら、さあ旅の続きがはじまる。

ホテル　旅館　ペンション　ゲストハウス　公共の宿　民宿・その他

料金は１室２名利用を基本にした１名の利用料金（税抜）の目安です。（2023年１月末現在）

しまなみ海道周辺の宿

潮風と薪ストーブの温もりが心地よい自然の中で過ごす贅沢な時間。

自然に囲まれた独立型のコテージで、小高い丘の広い敷地に4棟がひっそりと佇み、各棟が適度に離れているので気兼ねなく過ごせます。複数棟を借りればグループでのBBQや鍋パーティーなども楽しめる。女子棟と男子棟を分けて友人やサークル、社内交流会などでの利用も人気。ペットと泊まれる棟があるのも嬉しい。

おすすめinformation

スペシャルプラン

本誌を見てご予約の方には、プレゼントがあります。公式サイト予約時の備考欄に『瀬戸の島旅』と入力下さい。後日限定特典のご案内を差し上げます。

生口島　さんせっとびれっじ

広島県尾道市瀬戸田町福田549-2
084-949-1891
営 IN15:00～17:00、OUT10:00
休 不定休
¥ 1棟貸し24,000円（税別）～
※定員最大8名まで
生口島南ICから車で12分

尾道 料亭旅館 魚信 リョウテイリョカンウオシン
¥1泊2食15,455円～
広島県尾道市久保2丁目27-6　0848-37-4175
オコゼ料理が自慢の海に面した旅館

尾道 大田屋ホテル オオタヤホテル
¥素4,728円～、1泊2食6,546円～
広島県尾道市高須町1329-15　0848-46-0602
心のこもったサービスを提供

尾道 ホテル・アルファーワン尾道 ホテルアルファーワンオノミチ
¥素6,150円～（税込）
広島県尾道市西御所1-1　0848-25-5600
全国展開のビジネスホテルチェーン

尾道 尾道千光寺坂の離菴ふう オノミチセンコウジサカノリアンフウ
¥素9,000円/人～
広島県尾道市東土堂町13-20　090-3171-4663
美しい日本の住まいを体感する旅

尾道 SIMA inn シマイン
¥素5,000円～
広島県尾道市久保2丁目17-2　080-9195-1181
全室個室のゲストハウス

尾道 SINGAI CABIN シンガイキャビン
¥個室 素5,000円～/ドミトリー素2,600円～
広島県尾道市久保2丁目9-1　080-9195-1181
お得なドミトリーもあるゲストハウス

尾道 鯖SAVAR inn サバイン
¥素10,909円～
広島県尾道市久保2丁目17-2　080-9195-1181
ダイニングキッチン付き一棟貸しのゲストハウス

尾道 亀日和 カメビヨリ
¥一棟貸し 素9,000円
広島県尾道市吉浦町7-26　080-6373-6705
2021年開業。古民家をリノベした綺麗な宿

尾道 さくらホテル尾道駅前 サクラホテルオノミチエキマエ
¥素9,200円～、1泊2食15,100円～
広島県尾道市東御所町5-1　0848-29-9390
尾道駅から徒歩70秒の良い立地

尾道 尾道ゲストハウス あなごのねどこ オノミチゲストハウスアナゴノネドコ
¥ドミトリー1名様（相部屋）1泊3,000円～・個室（2名～5名利用）
1名様1泊4,000円～　広島県尾道市土堂2丁目4-9　0848-38-1005
細長い町屋をDIY改修したゲストハウス。

尾道 Moons cafe ムーンズカフェ
¥素1泊20,000円～
広島県尾道市長江1丁目25-17　090-4890-8468
一日一組貸切り 古民家 貸し別荘

尾道 Step pier ステップピア
¥素1泊20,000円～
広島県尾道市久保3丁目 14-7　090-4890 - 8468
一日一組貸切り ガレージハウス 貸し別荘

尾道 尾道ゲストハウスみはらし亭 オノミチゲストハウスミハラシテイ
¥相部屋 素1名1泊3,100円～、貸切 素9,000円～（宿泊人数、部屋のサイズによって変わります）　広島県尾道市東土堂町15-7　0848-23-3864
尾道水道が一望できるゲストハウス

幻の果実ポポーが実るゲストハウス

親戚の家に来たみたいと言われるアットホームなゲストハウス。小グループで使える個室や、ドミトリー、旅人が交流できる談話室を完備。尾道観光やしまなみ海道サイクリングの拠点など旅のスタイルに合わせて利用したい。JR尾道駅から車で約10分でアクセスできる場所でありながら、自然も多く鳥のさえずりも聞けるロケーションの中にあります。

おすすめinformation　**リーズナブルプラン**
素泊まり1名3,500円～

向島　ゲストハウス尾道ポポー

広島県尾道市向東町877-1
0848-36-5016
営 IN16:00～21:00、OUT10:00
休 不定休
¥1名利用（ドミトリー3,500円）、2名利用（4.5畳和室7,000円・6畳和室8,000円・8畳和室9,000円）、はなれ一棟貸し28,000円
JR尾道駅から車で約10分、しまなみ海道向島ICより車で7分

尾道 尾道国際ホテル オノミチ コクサイホテル
¥素8,000円 ～（シングル1名）、素7,500円～（ツイン2名利用／人）
広島県尾道市新浜一丁目136　0848-25-5931
尾道市内最大規模の多目的ホテル

尾道 ONOMICHI U2/HOTEL CYCLE オノミチユーツーホテルサイクル
¥素20,500円～
広島県尾道市西御所町5-11　0848-21-0550
サイクリストフレンドリーな宿泊施設

尾道 坂の風 サカノカゼ
¥素9,091円
広島県尾道市西土堂16-9　090-4890-8468
絶景の貸別荘　1日1組限定

尾道 LOG ログ
¥1泊2食28,600円～
広島県尾道市東土堂町11-12　0848-24-6669
尾道水道を望む山手のホテル

尾道 島居邸洋館 シマズイテイヨウカン
¥素27,500円～
広島県尾道市東土堂町11-12　0848-24-6669
暮らすように過ごす1日1組限定の宿

尾道 出雲屋敷 イズモヤシキ
¥素33,000円～
広島県尾道市東土堂町11-12　0848-24-6669
江戸後期の屋敷を1日1組限定の宿へ

尾道
おのみち河野屋 オノミチコウノヤ
¥1泊2食10,000円～
広島県尾道市高須町400-17　0848-20-3090
ペット宿泊可 和室洋室 UB付き

向島
ゲストハウス尾道ポポー ゲストハウスオノミチポポー
¥素3,500円～
広島県尾道市向東町877-1　0848-36-5016
幻の果実ポポーが実るゲストハウス

因島
いんのしまペンション白滝山荘 インノシマペンションシラタキサンソウ
¥1泊朝食7,150円～、1泊2食11,000円～（素泊まりプランなし）
広島県尾道市因島重井町1233　0845-25-0068
築91年のヴォーリズ建築の館

生口島
旅館つつ井 リョカンツツイ
¥1泊2食付16,000～
広島県尾道市瀬戸田町瀬戸田216　0845-27-2221
展望レモン風呂と平山郁夫画伯ひいきの宿

生口島
住之江旅館 スミノエリョカン
¥素7,700円～、朝食付9,900円～、1泊2食14,300円～
広島県瀬戸田町瀬戸田264-3　0845-27-2155
五感を刺激してストレスフリーな時を!!

生口島
プライベートホステル瀬戸田垂水温泉 プライベートホステルセトダタルミオンセン
¥素4,800円、1泊2食6,800円
広島県尾道市瀬戸田町タルミ58-1　0845-27-3137
よい泉質が自慢の天然温泉

生口島
LEMON FARM GLAMPINGしまなみ レモンファームグランピングシマナミ
¥素16,270円～、1泊2食25,770円～
広島県尾道市瀬戸田町荻24985-1　0845-28-1111
瀬戸内海を見渡す大パノラマ、広大なレモン農園を望む グランピングリゾート

生口島
SOIL Setoda ソイルセトダ
¥ドミトリー 素3,500円～、個室 素8,000円～、個室 1泊2食15,000円～
広島県尾道市瀬戸田町瀬戸田254-2　0845-25-6511
旅人が街に飛び込むためのスモールホテル兼複合施設

生口島
島宿NEST シマヤドネスト
¥素4,000円～
広島県尾道市瀬戸田町瀬戸田134　080-4550-2062
定期的にリピートしたくなるゲストハウス

大三島
民宿紺玉 ミンシュクコンタマ
¥素5,000円～、1泊2食9,000円～
愛媛県今治市大三島町宮浦5388　0897-82-0111
魚のおいしい安らぎの宿

大三島
民宿なぎさ ミンシュクナギサ
¥素4,800円、1泊朝食付6,000円、1泊2食付7,500円～（税抜）
愛媛県今治市上浦町井口5600　0897-87-3513
田舎の家庭料理

大三島
料理 旅館 富士見園 リョウリ リョカン フジミエン
¥素6,900円（税込）～ 1泊2食 12,800円（税込）～
愛媛県今治市上浦町井口5733　0899-87-2025
海が望め、活魚料理と潮風呂の宿

大三島
オーガニックゲストハウス&カフェ OHANA オーガニック・ゲストハウス アンド カフェオハナ
¥素2,900円～
愛媛県今治市大三島町宮浦5341　0897-82-0023
電気も自給するオーガニック・ゲストハウス

向島
尾道貸別荘 安部旅館 オノミチカシベッソウ アベリョカン
¥雲の棟 素6,000円～、尾道水道の棟 素9,000円～
広島県尾道市向島町82-3,4　0848-23-6633
家族やグループでも楽しめる一棟貸の別荘

因島
ナティーク城山 ナティークシロヤマ
¥1泊朝食付き9,350円～、1泊2食17,050円～
広島県尾道市因島土生町2254-6　0845-26-0046
欧風瀬戸内料理が自慢のオーベルジュ

生口島
ちいさなお宿Link（輪空） チイサナオヤドリンク
¥1泊2食12,100円～
広島県尾道市瀬戸田町宮原2317-10　0845-28-0633
海に面したサイクリストの小さな宿

生口島
やすらぎ瀬戸田 ヤスラギセトダ
¥大人3,500円、小学生2,000円、小学生未満500円
広島県尾道市瀬戸田町沢56　090-8245-7322
ゆったりとくつろげる広い部屋が自慢の宿

生口島
民宿旅館ひよし ミンシュクリョカンヒヨシ
¥1泊2食7,700円～
広島県尾道市瀬戸田町鹿田原83　0845-27-2181
手軽に泊まれるお得なプランあり

生口島
ペンションジュウシーフルーツ ペンションジュウシーフルーツ
¥素7,000円 、1泊2食12,000円、 1泊朝食8,500円
広島県尾道市瀬戸田町福田10-1　0845-27-3959
海に沈む夕日が眩しい宿

生口島
yubune ユブネ
¥素10,500円～、1泊朝食付き　11,800円～
広島県尾道市瀬戸田町瀬戸田269　0845-23-7911
生口島・瀬戸田にある銭湯宿

生口島
一棟貸しコテージ Sunset-Village サンセットビレッジ
¥20,900円～（各棟・シーズンによって異なります）一棟あたりの料金のため、多いほうがコスパ良し！　広島県尾道市瀬戸田町福田535-1　084-949-1891
愛犬と泊まれる一棟貸しコテージ

生口島
Azumi Setoda アズミ セトダ
¥1泊朝食付き36,500円～（税サ抜）、1泊2食付き51,500円～（税サ抜）
広島県尾道市瀬戸田町瀬戸田269　0845-23-7911
瀬戸田の歴史ある邸宅を受け継いで誕生した旅館

大三島
旅館さわき リョカンサワキ
¥素6,000円～、1泊2食12,500円～
愛媛県今治市大三島町宮浦5460　0897-82-0153
新鮮魚介を舟盛りで堪能できる宿

大三島
大三島憩の家 オオミシマイコイノイエ
¥素4,000円～、1泊2食8,500円 ～…和室（受付4名以上）素 10,000円～、1日2食15,000円～…洋室（ツインルーム）　愛媛県今治市大三島町宗方5208-1　0897-83-1111
海辺の木造校舎をリノベーションした宿泊施設

大三島
Co-living & Cafe SANDO コリビングアンドカフェサンド
¥素5,000円～
愛媛県今治市大三島町宮浦5495　050-8882-0576
島暮らしを体験できる神社参道沿いの宿

大三島
海宿(umiyado) OHANA ウミヤド オハナ
¥素2,900円～
愛媛県今治市大三島町台5099　0897-82-0023
ビーチまですぐの夕陽の見える和室ゲストハウス

大三島
OMISHIMA SPACE オオミシマスペース
¥8,800円～
愛媛県今治市上浦町甘崎1586　0897-82-8830
コワーキングスペース付きの島宿

伯方島
松崎旅館 マツザキリョカン
¥素5,000円～、1泊2食8,000円～
愛媛県今治市伯方町北浦甲2065　0897-73-0248
しまの旅 なつかしの宿

伯方島
料理 旅館 せと リョウリ リョカン セト
¥1泊2食11,000円～
愛媛県今治市伯方町有津甲1853　0897-72-0946
船折瀬戸の前に建つ 料理自慢の宿

大島
結乃屋MITSUBACHI ユイノヤミツバチ
¥1泊2食16,000円～、朝食付き11,000円、素9,000円～
愛媛県今治市吉海町南浦825-1　0897-72-8345
海まで徒歩10秒の全室オーシャンビューの宿

大島
げすとはうす よしよし ゲストハウス ヨシヨシ
¥素5,000円～
愛媛県今治市吉海町名3984　090-6287-5986
亀老山展望台に近い昭和レトロなお宿

今治
ホテルクラウンヒルズ今治 ホテルクラウンヒルズイマバリ
¥1泊朝食付4,082円～
愛媛県今治市北宝来町1-5-9　0898-23-0005
今治駅から徒歩1分、交通至便

今治
ビジネス旅館 笑福 ビジネスリョカン ショウフク
¥素4,091円、1泊2食6,546円
愛媛県今治市風早町2丁目1-16　0898-32-7555
家庭的な雰囲気のくつろげる宿

今治
鈍川温泉 美賀登 ニブカワオンセン ミカド
¥素6,750円～、1泊2食14,450円～
愛媛県今治市玉川町鈍川庚773-1　0898-55-2360
自然美豊かな渓流沿いの静かな和宿

下蒲刈島　上蒲刈島　弓削島　生名島
大久野島　大崎下島　大崎上島

上蒲刈島
かつら亭 蒲刈本店 カツラテイカマガリホンテン
¥素8,500+税（朝食付）スタンダード12,000円+税　デラックス15,000円+税（夕会席+朝付）　広島県呉市蒲刈町宮盛2032-1　0823-66-0114
魚料理の会席 新鮮なお刺身が食べられる宿

生名島
蛙石荘 ガールイシソウ
¥素 大人4,446円、1泊2食 大人6,438円
愛媛県越智郡上島町生名4528　0897-74-0906
天然芝グランド・アリーナ・屋内温泉プール完備

大崎下島
オレンジハウス オレンジハウス
¥1泊2食6,050円～
広島県呉市豊町大長5982-1　0823-66-4020
大長港前にある食堂が営む民宿

大崎上島
いづみ旅館 イヅミリョカン
¥素5,500円～、1泊2食7,150円～
広島県豊田郡大崎上島町東野3113　0846-65-2140
魚のおいしいくつろげる旅館

大三島
I-LINK HOSTEL&CAFE SHIMANAMI アイリンクホステルアンドカフェシマナミ
¥ツイン（税抜）、素4,837円～、1泊夕食付（朝食なし）7,564円～
愛媛県今治市上浦町井口7345-1　0897-72-8308
サイクリストに特化したホステル

伯方島
民宿うずしお ミンシュクウズシオ
¥素5,000円、1泊2日8,000円
愛媛県今治市伯方町有津1563-5　0897-72-2700
新鮮魚介の料理民宿。専用桟橋があり船もOK

伯方島
SALT HOUSE ソルトハウス
¥素5,000円～、シェア飯付6,500円～
愛媛県今治市伯方町木浦甲1293-3　0897-72-8535
暮らすように滞在できるゲストハウス

大島
しまなみ海道 お宿ぽんぽこ シマナミカイドウ オヤドポンポコ
¥素5,000円～、朝食付6,000円～、2食付12,000円～
愛媛県今治市吉海町福田1252-1　0897-72-8808
サイクリストさん応援の宿

今治
今治市サイクリングターミナル サンライズ糸山 イマバリシサイクリングターミナル サンライズイトヤマ
¥素3,000円～
愛媛県今治市砂場町2丁目8-1　0898-41-3196
全室から来島海峡大橋が望める最高のロケーション

今治
大潮荘 ダイチョウソウ
¥1泊2食付14,000円～
愛媛県今治市小浦町2丁目5-1　0898-41-9537
来島海峡を眺める料理旅館

今治
皆楽荘 カイラクソウ
¥素5,500円～、1泊2食11,000円～
愛媛県今治市玉川町鈍川甲283　0898-55-2350
渓谷を望むくつろぎの宿

その他の離島の宿

下蒲刈島
コテージ梶ヶ浜 コテージカジガハマ
¥素2名1室 1名あたり8,650円
広島県呉市蒲刈町下島839-16　0823-70-8151
情緒あふれる古民家風コテージ

弓削島
インランド・シー・リゾート・フェスパ
¥素5,500円～、1泊2食12,100円～
愛媛県越智郡上島町弓削日比287　0897-77-2200
非日常を満喫する離島の休日。全室オーシャンフロントの島宿

大久野島
休暇村大久野島 キュウカムラオオクノシマ
¥1泊2食13,500円～
広島県竹原市忠海町5476-4　0846-26-0321
瀬戸内の楽園『ウサギと出会う島』

大崎上島
民宿 山みず木 ミンシュクヤマミズキ
¥1泊2食7,000円～
広島県豊田郡大崎上島町東野3037　0846-65-2964
ペット同伴も アットホームな宿

大崎上島
きのえ温泉ホテル清風館 キノエオンセンホテルセイフウカン
¥1泊2食20,500円～
広島県豊田郡大崎上島町沖浦1900　0846-62-0555
絶景・温泉・料理、ここは瀬戸内海の特等席

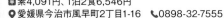

自転車だから感じる自然の魅力

しまなみアウトドア ベストチョイス

絶景

シーカヤック＆SUP

グルメ

グランピング＆キャンプ

出会い

旅人

アウトドアライター
藤川 満
Fujikawa mitsuru

高知生まれ、徳島育ち。学生時代の屋久島調査を契機に自然と親しむ。北海道大雪山山中での勤務、情報誌編集長を経てライター・カメラマンとして独立。現在はアウトドア雑誌等の取材、登山番組の写真撮影で活躍。

来島海峡大橋展望所は
静かに一息つくには最適のスポット

モデルコースMAP

あくまでモデルコースの一例。
自分の脚力に合わせてチャレンジしよう。

無数ある魅力を再発見できるマイペースなサイクリングを

しまなみ海道約70㎞。幾度となく取材で往復してきた道だ。サイクリングでの取材も少なくないが、いつも締め切り直前になって動きだす自堕落ゆえ、やむを得ず車移動の取材になることが、実は多い。だからこそ、自転車の実走取材では、車窓からは見つけることができなかった、新たな発見が毎回ある。そして今回、久しぶりにしまなみ海道を自転車で走ってみた。

やはりここは、日本屈指のアウトドアフィールドだ。世界に誇るサイクリングコース、穏やかながら時に渦巻く海、そして山頂からの絶景。しかも年間を通じて比較的温暖な気候に恵まれている。

自分の脚力で巡るからこそ、五感の感度は増し、定番スポットも新鮮に映る。そしてすぐ立ち止まれる自転車だからこそ、小さいけれど魅力的な出会いにワクワクさせられる。なにも気合いを入れて全島走破する必要はない。自分のペースでゆるーくペダルを漕いでいくのが、しまなみ海道のアウトドアを楽しむための極意だ。

絶景

ベストチョイス

脚力の限界の先にある美しき風景

斜度と山頂までの距離が表示された標識を目印にペース配分しよう

下りの瞬間はサイクリストの特権だが、スピードは控えめに

山頂直下に点在する展望ベンチは、観光客も少ない穴場スポット

大島 oshima ①亀老山展望公園《きろうさんてんぼうこうえん》

流した汗だけの感動がある 激坂の先にある絶景名所へ

標高307.8mの山頂までは、サイクリスト泣かせの激坂が続く。その一方で下山するサイクリストからの励ましに元気づけられる。展望所からは来島海峡大橋はもちろん、西日本最高峰の石鎚山の姿も見ることができる。足をパンパンにして登った苦労が報われる瞬間だ。

愛媛県今治市吉海町南浦487-4　0897-84-2111（今治市役所吉海支所住民サービス課）　営入園自由　休なし　¥無料　Pあり　車西瀬戸自動車道大島北ICから車で15分、大島南ICから車で10分　MAP P.77 B-4

大島 oshima ②来島海峡大橋展望所《くるしまかいきょうおおはしてんぼうしょ》

三連橋と多島美を臨む 穴場な癒やしの絶景地

地図アプリでは「来島海峡大橋展望所」でヒットするが、現地には看板も何もない、ただの広い路側帯。ゆえに訪れる観光客もまれで、静かに来島海峡を望める。来島海峡大橋と自転車を一緒に写真に収めたいなら、ここだ。

愛媛県今治市吉海町椋名147-1　0897-84-2111（今治市役所吉海支所住民サービス課）　営見学自由　休なし　¥無料　Pなし　車西瀬戸自動車道大島北ICから車で15分、大島南ICから車で6分　MAP P.77 A-3

周辺は地元の人の散歩コースにもなっている

道路沿いにある展望所から海岸まで遊歩道が延び、潮流が目の前に

伯方島 hakatajima ③船折瀬戸《ふなおりせと》

名が示す海の難所 迫力の潮流を間近に

伯方島と鵜島の間にある瀬戸。激しい潮流で知られる来島海峡よりもさらに間近に、潮流の激しさを目の当たりにできる。潮の間隙を縫って進む船舶の航海技術にも脱帽。展望所に掲示してある潮位表で干満の時間を知ることもできる。

愛媛県今治市伯方町有津
0897-72-1500（今治市役所伯方支所住民サービス課）
営見学自由　休なし　¥無料
Pなし　車西瀬戸自動車道伯方島ICから車で5分　MAP P.69 B-4

伯方島 hakatajima ④開山公園《ひらきやまこうえん》

千本の桜と三つの大橋を 手中に収める名勝地

標高149mの山頂に広がる公園は、春になると1000本の桜が咲き誇る。多島美や橋を望む場所は多いが、ここの展望台は大三島橋、多々羅大橋、伯方・大島大橋の３つの大橋が一度に見られるレアな場所。

北には独特の造形美を見せる多々羅大橋

アーチが美しい大三島橋は南西方向にある

愛媛県今治市伯方町有津
0897-72-1500（今治市役所伯方支所住民サービス課）
営見学自由　休なし　¥無料
Pあり　車西瀬戸自動車道伯方島ICから車で10分　MAP P.69 A-2

展望台直下にはかわいいお地蔵さんが並んでいる

シーカヤック & SUP

ベストチョイス

地元のプロが導く
出会ったことのない自然

起点の立花海岸の穏やかな海でレクチャーを受けることができる

ツアーの途中で立ち寄る砂浜で提供されるフルーツ盛りが名物

立花海岸の先にある観音崎は
激しい潮流が渦巻くこともある

地元尾道出身で20年経験を積んできたガイドの森大介さん

向島 mukaishima ⑤ディープウォーター《でぃーぷうぉーたー》

海の厳しさを知るがゆえの 技量に合ったツアーに太鼓判

案内するのは瀬戸内海東西およそ300㎞の漕破経験もあるベテランガイド。利用者とコミュニケーションを取り、技量を見極めたシーカヤックとSUPのツアーが好評だ。基本技術を身につけた上で、潮流渦巻く観音崎を巡る刺激的なプランへ挑戦するのもいい。

📍広島県尾道市向島町立花2665 📞090-8363-0421 営9:00～17:00 休なし（冬季臨時休業あり） ¥シーカヤック&SUP体験ツアー大人5,000円～（シーカヤックレンタル料、シーカヤック装備一式、保険代、おやつセット、ガイド料含む） Pあり 🚗西瀬戸自動車道向島ICから車で6分 MAP P.33 C-4

弓削島 yugejima ⑦上島町観光協会《かみじまちょうかんこうきょうかい》

多彩なツアープランで ゆめしまを海から臨む

ゆめしま海道周辺の海となれば、まだまだ知る人ぞ知るアクティビティスポット。そんな静かな海を、プロのガイドと共にシーカヤックで巡ることができる。初心者の体験コースから、経験者向けの半日、一日、サンセットツアーなど、プランも豊富だ。

📍愛媛県越智郡上島町弓削下弓削1037-2 📞0897-72-9277（上島町観光協会事務局） 営8:30～17:15 休天候により休業あり ¥シーカヤック体験スクール6,000円～（シーカヤックレンタル料、保険代、ガイド料含む） Pあり 🚗佐島港から車で6分 MAP P.10

迫力ある岩肌を間近に見ながら穏やかな海を進む

白い砂浜が広がる佐島はプライベートビーチ

かつて藤堂高虎が築いた
甘崎城の名残も見える古城島

橋の下をくぐったり、海から多島美も楽しめる

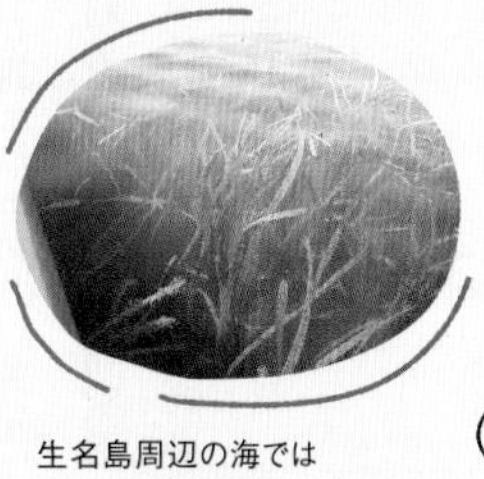
生名島周辺の海では
アマモの群生を見ることもできる

ツアーの後はカフェで
地元食材を使った食事もできる

大三島 omishima ⑥WAKKA《わっか》

しまなみのど真ん中にある アクティビティの拠点

カフェやホテルも併設し、様々なアウトドアアクティビティも体験できる複合施設。「瀬戸内のモンサンミッシェル」の異名を持つ無人島の古城島へのSUPツアーが好評だ。透明度の高い海と心地よい潮流、そして誰もいないビーチでティータイムを満喫できる。

📍愛媛県今治市上浦町井口6691-1 📞0897-72-8705 営9:00～18:00 休火曜 ¥SUP無人島ツアー 6,600円～（季節により変動あり。ガイド料、SUP装備一式、マリンシューズ、ティーセット、写真撮影数枚、保険代、送迎代、シャワー、タオル含む） Pあり 🚗西瀬戸自動車道大三島ICから車で3分 MAP P.59 D-2

グルメ
ベストチョイス
サイクリング途中に
手軽につまみたい！

気さくな人柄の
店主・高田善夫さん
朝子さんご夫妻

サイクリストだけでなく
ご近所さんの憩いの場になっている

Hamburger

生口島
ikuchijima

⑧バーガー《ばーがー》.ゴロッケン《ごろっけん》

広島県尾道市瀬戸田町瀬戸田142
090-3407-1153 営10:00～17:00（売り切れ次第終了） 休火～金曜（祝日の場合営業） Pあり 西瀬戸自動車道生口島北ICから車で11分、生口島南ICから車で11分 MAP P.49 B-2

店主の偏愛に共感する サイクリストの新聖地

サイクリスト、元カメラマン、さらに浜田省吾の熱烈ファンという異色の店主が令和3年にオープン。以来、サイクリストや浜省ファンが集う。手で刻んだ牛肉のパティ、国産全粒粉のバンズなど、研究を重ねたハンバーガーは売り切れ必至。電話で取り置きが賢明。

店内だけでなく
海を望むテラス席もある

Sweets

多彩な味わいが楽しめる しまなみ名物ジェラート

ほてった体をクールダウンするサイクリストも立ち寄る人気ジェラート店。伯方の塩や瀬戸田のレモンなど、しまなみ名産品を使ったジェラートが常時約10種類楽しめる。「スペチャーレ」と呼ばれるピスタチオやアーモンドとのちょっと贅沢な組み合わせもおすすめ。

生口島 ikuchijima

⑨しまなみドルチェ本店《しまなみどるちぇほんてん》

広島県尾道市瀬戸田町林20-8 0845-26-4046 営10:00〜17:00 休なし Pあり 西瀬戸自動車道生口島北ICから車で5分、生口島南ICから車で12分 MAP P.49 C-2

生口島 ikuchijima

⑩自転車カフェ&バー《じてんしゃかふぇあんどばー》 汐待亭《しおまちてい》

広島県尾道市瀬戸田町瀬戸田425 0845-25-6572 営11:00〜1600（カフェ・ランチ）、19:00〜22:00（バー・夏季は〜24:00） 休月曜（祝日の場合は翌日） Pあり 西瀬戸自動車道生口島北ICから車で5分、生口島南ICから車で12分 MAP P.49 B-2

Cafe & Bar

小腹から腹ぺこまで 心も満たす古民家カフェ

昭和風情漂う商店街にある古民家カフェ&バー。地元和菓子店とコラボした「揚げレモンケーキ」などレモンを使ったスイーツやフードメニューが楽しめる。特に「しおまちレモネード（600円）」は、絶妙な酸味でサイクリングの渇いた喉を心地よく潤してくれる。

Cute!

レトロな空間広がる土間スペースには雑貨も並ぶ

自転車整備士でもありミュージシャンとしても活躍する店主ご夫妻

「揚げレモンケーキ（250円）」は酸味のあるケーキをサックリと揚げた

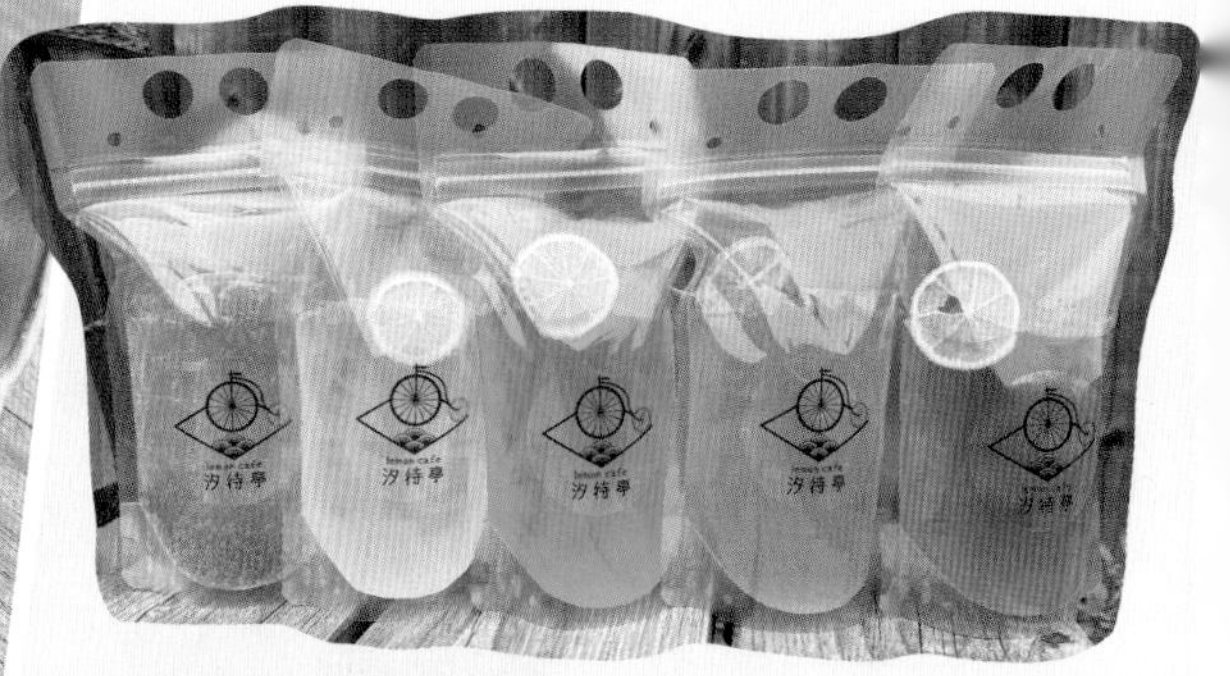
持ち運びにも便利な「しおまちレモネード」は瀬戸田産自然農法レモンを使う

グランピング & キャンプ

ベストチョイス

泊まることで
解像度が上がる島の姿

グランピング棟には全室オーシャンビューのコクーンテントが6室

灯台が立つ岬周辺はアドベンチャー気分で散策ができる

夕食はホテル棟のレストランで瀬戸内の海の幸を味わえる和食会席

特別な島「馬島」で過ごす
極上のグランピング

自家用車では入れない小さな島・馬島にあるグランピング&リゾートホテル施設。来島海峡の絶景を独り占めできるような特別感と、お食事や飲み物はもちろん、洞窟探検やスカイウォークなどのアクティビティまで追加料金なしのオールインクルーシブが魅力。

馬島
umashima

⑪ GLAMPROOKしまなみ《ぐらんるーくしまなみ》

目の前の海岸でシーグラス探し

専用デッキでは、ドリンクを片手にのんびり海を眺めながら過ごせる

愛媛県今治市馬島1006
0898-22-1101　営 IN15:00（最終IN18:00）・OUT11:00
休 なし　¥ 1泊2食付27,000円～
P あり（今治港）　今治港から専用車または専用船で無料送迎
MAP P.10

コクーンテントには
ドッグランが併設されている

「瀬戸内牛」や地元野菜が
たっぷり楽しめるBBQ

大きな窓から開放感ある風景を望めるアイランドドーム

高根島
koneshima

⑫ Glamp Village《ぐらんヴぃれっじ》 瀬戸内しまなみ《せとうちしまなみ》

初心者や愛犬家もうれしい 静かな小島の高規格施設

令和４年、生口島と橋で繋がる高根島にオープンしたグランピング施設。ドッグラン付きのコクーンテントや直径７ｍの大型アイランドドームを完備する。いずれも全天候型の食事スペースやシャワー・トイレが隣接しているので、初心者や子ども連れも安心だ。

広島県尾道市瀬戸田町高根1275-11　なし　営 IN15:00（最終IN18:00）・OUT10:00　休 なし　¥ 1泊2食付28,450円～　P あり　西瀬戸自動車道生口島北ICから車で13分、生口島南ICから車で11分　MAP P.49 B-3

伯方島
hakatajima

⑬ドルフィンファーム《どるふぃんふぁーむ》 オートキャンプ場《おーときゃんぷじょう》

施設利用者はイルカプールの
見学が無料なのもうれしい

全国的にも珍しいロータスベルテントでの宿泊もできる

かわいいイルカがお出迎え 幅広く支持されるフィールド

日本最大規模のイルカふれあい施設に隣接するキャンプ場。空調完備のドームテントやコテージだけでなくフリーサイトも備え、初心者から自然派キャンパーまで支持されている。追加で２人前５０００円からＢＢＱセットや海鮮などの提供も行っている（要予約）。

愛媛県今治市伯方町叶浦1673　0897-72-8130　営 IN15:00（最終IN17:00）・OUT11:00　休 悪天候時臨時休業あり　¥ 1泊5,500円～（フリーサイト）　P あり　西瀬戸自動車道伯方島ICから車で1分　MAP P.69 B-3

番外編

その昔は能島村上海賊の駐屯地となった無人島だ

見近島
michikajima

⑭見近島自然公園《みちかじましぜんこうえん》

渡る手段は限られた 上級者向け無料キャンプ場

伯方・大島大橋の橋脚部にある見近島は、バイク・自転車・徒歩のみで渡れる小島。島内はキャンプができる公園として整備され、トイレ・水道など必要最低限の設備が整えられている。最小限の装備での移動を好むベテランキャンパーには、たまらないフィールドだ。

愛媛県今治市宮窪町宮窪　0897-86-2500（今治市役所宮窪支所住民サービス課）　営 利用自由　休 なし　¥ 無料　P なし　西瀬戸自動車道伯方島ICから自転車で10分　MAP P.69 B-4

出会い

ベストチョイス

「出会い」こそ
自転車旅の最大の魅力

JBLのスピーカー6台を備え抜群の高音質でカラオケが楽しめる

30代女性のお客が多く、お酒には分かりやすく手作りのPOPが付く

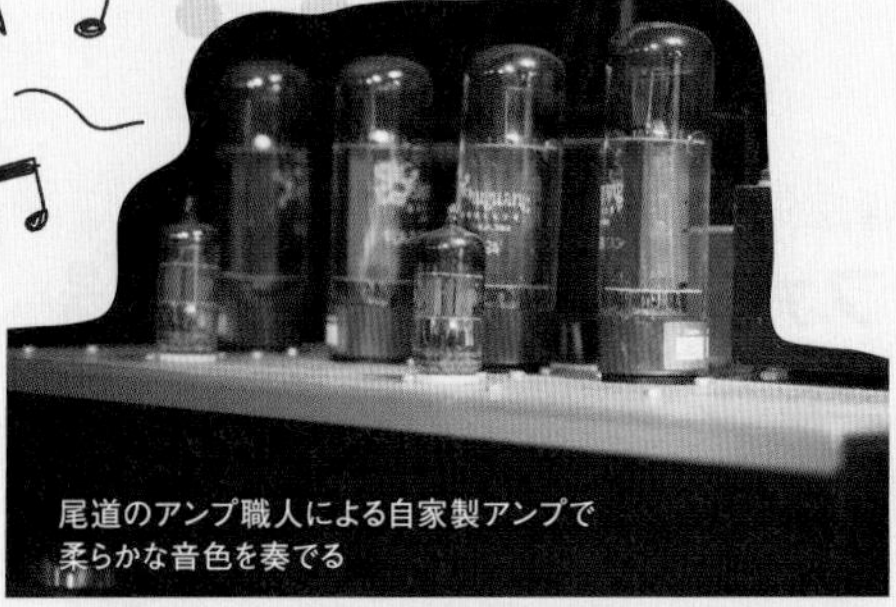

尾道のアンプ職人による自家製アンプで
柔らかな音色を奏でる

カツオ節と鶏ガラ、豚足でダシを取る「ラーメン（600円）」

\Check/

外観はスナックだが
この看板を目指し
思い切って入店しよう

ラーメン好きかこうじて研究を重ねた店主の向島繁春さん八重美さん夫妻

スナックの名物ラーメンは温かな人情に満ちた一杯

店頭の「本日ラーメンあります」の看板が目を引く。恐る恐るドアを開けると、優しい笑顔のご夫婦がお出迎え。38年続く老舗歌謡スナックながら、約15年前から自家製ラーメンを提供する。旨みたっぷりのスープと細平麺が絶妙に絡み、最後の一滴まで完食できる。

向島 mukaishima

⑮ 演歌みち《えんかみち》 むかいしま《むかいしま》

広島県尾道市向島町5552-32
0848-44-3759 営11:00〜14:00（ランチ）、13:00〜16:00（カラオケタイム）、19:00〜翌1:00（カラオケスナック）
休 火曜のみ14:00〜16:00休 P なし
西瀬戸自動車道向島ICから車で6分
MAP P.33 C-2

サイクリストの休憩所を設けたことから自転車神社として親しまれるようになった

「自転車型絵馬（600円）」のほか
バイク型やハート型の絵馬もある

車輪がそのままおみくじ掛けになっている。
おみくじは1回100円～

ハート型の御縁石は手前が20kg。
胸まで持ち上げ軽く感じれば、願いが叶うとか

実際の「怪獣レモン」は皮まで
食べられる糖度高めのレモン

レモン谷に突如現れる
ブランドレモンの怪獣オブジェ

多々羅大橋へと続く自転車道を走っていると、レモン谷休憩所近くに鎮座する怪獣に出会える。「怪獣レモン」と名付けられたこのオブジェは、高さ150cm、全長約3mあり、同名のレモンブランドのキャラクターだ。多々羅大橋を背景にサイクリストを静かに見守っている。

生口島
ikuchijima

⑰ 怪獣レモン《かいじゅうれもん》

📍広島県尾道市瀬戸田町垂水1896 📞090-4897-7304 営 見学自由 休 なし ¥ 見学自由 P なし 🚗 西瀬戸自動車道生口島北ICから自転車で30分、生口島南ICから自転車で10分 MAP P.49 A-4

因島
innoshima

⑯ 自転車神社《じてんしゃじんじゃ》

サイクリストなら訪れたい
自転車運？アップの神社

大山神社内に祀られている和多志大神（わたしおおかみ）は、交通の神様として信仰されてきた。それが転じて今や、しまなみ海道のサイクリストやライダーからも、運気アップの神様として崇められている。また人と人を結ぶ神様としても知られている。自転車やバイク専用のお守りもある。

📍広島市尾道市因島土生町1424-2 📞0845-23-6000 営 授与所開所時間8:30～16:30（土日祝8:30～17:00） 休 なし ¥ 境内見学自由 P あり 🚗 西瀬戸自動車道因島北ICから車で10分、因島南ICから車で7分 MAP P.41 B-4

主要6島へのアクセス

※料金は大人ひとり片道
※注釈がないものは自動車・二輪乗船可

目的地	アクセス	所要時間	料金	運航会社	連絡先
大島	今治（愛媛）→友浦（大島）※高速船のため旅客のみ	約20分	670円	芸予汽船	☎0898-32-6712
	尾浦（伯方島）→宮窪（大島）	約20分	350円	シーセブン	☎0897-72-1650
伯方島	今治（愛媛）→木浦（伯方島）※高速船のため旅客のみ	約40分	1,050円	芸予汽船	☎0898-32-6712
	宮窪（大島）→尾浦（伯方島）	約20分	350円	シーセブン	☎0897-72-1650
大三島	忠海（広島）→盛（大三島）	約30分	370円	大三島フェリー	☎0846-22-6199
	今治（愛媛）→宗方（大三島）	約1時間	760円	大三島ブルーライン	☎0898-32-6713
生口島	尾道（広島）→瀬戸田（生口島）	約40分	1,300円	瀬戸内クルージング	☎0848-36-6113
	三原（広島）→瀬戸田（生口島）※高速船のため旅客のみ	約30分	920円	弓場汽船 マルト汽船	☎0845-22-1337 （土生商船グループ） ☎090-2008-1777
	須波（広島）→沢（生口島）	約30分	620円	しまなみ海運	☎0845-22-1337 （土生商船グループ）
	金山（因島）→赤崎（生口島）	約4分	80円	三光汽船	☎0845-28-0035
	小漕（岩城島）→洲江（生口島）	約5分	150円		
因島	今治（愛媛）→土生（因島）※高速船のため旅客のみ	約1時間20分	1,780円	芸予汽船	☎0898-32-6712
	尾道（広島）→重井東（因島）	約20分	650円	瀬戸内クルージング	☎0848-36-6113
	三原（広島）→土生（因島）※高速船のため旅客のみ	約40分	1,260円	土生商船	☎0845-22-1337
	三原（広島）→重井（因島）［高速船］※旅客のみ	約20分	800円		
	三原（広島）→重井（因島）［フェリー］	約40分	620円		
	赤崎（生口島）→金山（因島）	約4分	80円	三光汽船	☎0845-28-0035
向島	尾道・土堂（広島）→兼吉（向島）	約4分	100円	おのみち渡し船	☎0848-38-7761
	尾道・土堂（広島）→小歌島（向島）	約3分	60円	福本渡船	☎0848-44-2711
	尾道駅前（広島）→富浜（向島）※旅客のみ（自動二輪は可）	約7分	100円	おのみち渡し船	☎0848-38-7761

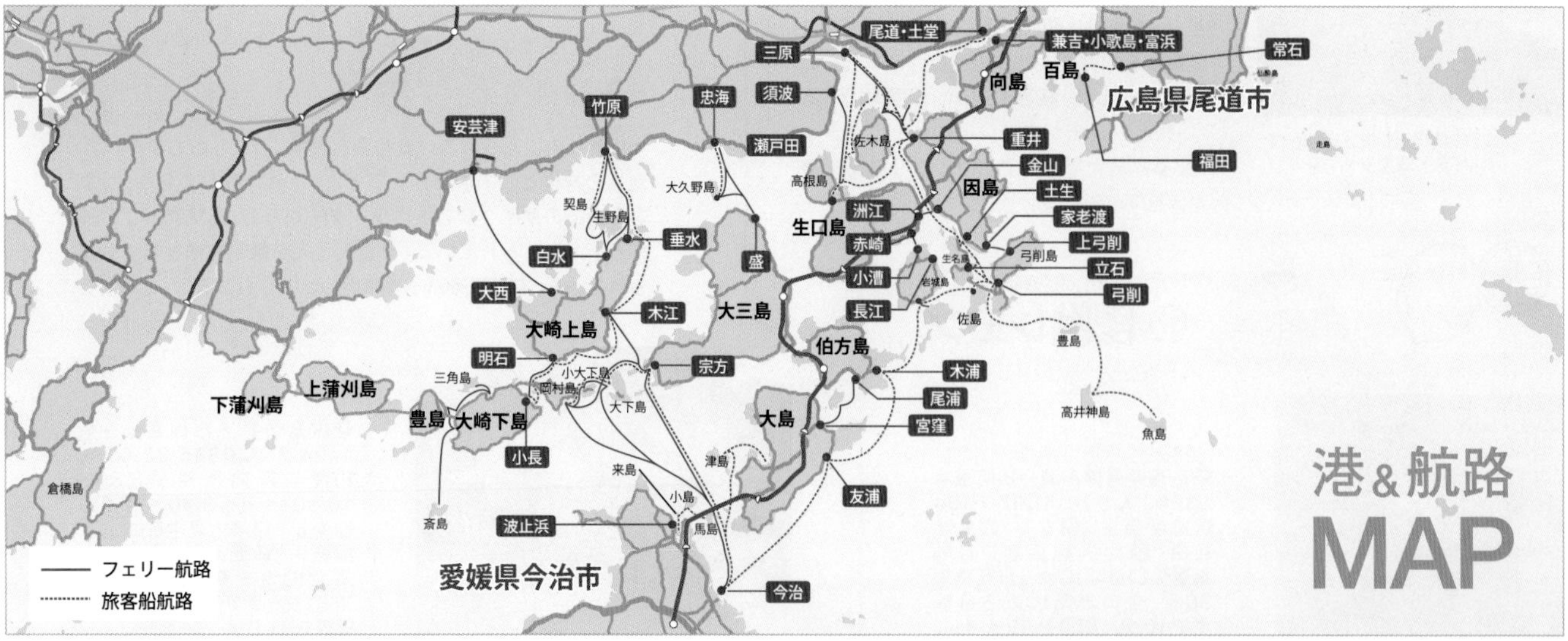

その他の島へのアクセス

※料金は大人ひとり片道
※注釈がないものは自動車・二輪乗船可

目的地	アクセス	所要時間	料金	運航会社	連絡先
大崎上島	竹原（広島）→垂水（大崎上島）	約25分	350円	大崎フェリー同盟 （山陽商船、大崎汽船）	☎0846-22-2133 ☎0846-22-2390
	竹原（広島）→白水（大崎上島）	約30分	360円		
	竹原（広島）～東岸5港 （めばる、一貫目、天満、沖浦、明石／大崎上島） ※高速船のため旅客のみ	めばる11分・490円 一貫目21分・900円 天満23分・900円 沖浦32分・1,250円 明石37分・1,290円		しまなみ海運	☎0845-22-1337 （土生商船グループ）
	安芸津（広島）→大西（大崎上島）	約35分	390円	安芸津フェリー	☎0846-45-0462
	今治（愛媛）→木江（大崎上島）	約70分	980円	大三島ブルーライン	☎0898-32-6713
	小長（大崎下島）→明石（大崎上島）※R5年5月31日をもって運航廃止	約15分	330円	しまなみ海運	☎0845-22-1337
	白水（大崎上島）→生野島	約10分	120円	町営フェリー	☎0846-65-3124
	白水（大崎上島）→契島	約30分	290円		
［上島町］ ・岩城島 ・佐島 ・弓削島 ・生名島	❶今治（愛媛）→岩城（岩城島）・佐島・弓削（弓削島）・生名島→土生港中央桟橋（因島） ※高速船のため旅客のみ	岩城島52分・1,360円 佐島60分・1,570円 弓削島65分・1,680円 生名島70分・1,730円 土生港中央桟橋（因島） 75分・1,780円		芸予汽船	☎0898-32-6712
	❷家老渡（因島）→上弓削（弓削島）	約8分	100円	家老渡フェリー汽船	☎0845-22-4463
	❸土生港長崎桟橋（因島）→立石（生名島）	約5分	70円	立石港務所	☎0897-76-2224
	❹三原（広島）→立石（生名島）※高速船のため旅客のみ	約40分	1,500円	土生商船	☎0845-22-1337
	❺洲江（生名島）→小漕（岩城島）	約5分	150円	三光汽船	☎0845-28-0035
	❻土生港中央桟橋（因島）→弓削（弓削島）→豊島・高井神島・魚島 ※土生～弓削間のみの乗船はなし	土生→魚島62分・1,010円 弓削→魚島52分・760円		上島町魚島総合支所	☎0897-78-0011
	［かみじまサイクルフリー］ 上島町在住者以外で、自転車で上島町を訪れる場合、船の自転車料金が無料になります。 ◯対象者…上島町在住者以外で、サイクリングの目的で上島町を訪れる方 ◯対象航路…上記航路のうち❹❼以外の6航路 ◯利用方法…乗り場等に設置された「かみじまサイクルフリー券」に必要事項を記入し、 運賃を支払う際、船員に渡す。			上島町役場観光戦略課	☎0897-75-2500
大久野島	忠海（広島）→大久野島→盛（大三島）	忠海（広島）から15分・360円 盛（大三島）から15分・360円		大三島フェリー	☎0846-22-6199
［とびしま海道］ ・下蒲刈島 ・上蒲刈島 ・豊島 ・大崎下島	広島バスセンター→バス停「御手洗港」（大崎下島）	2時間20分	2,030円	さんようバス	☎0846-65-3531
	JR広駅前（呉市）→バス停「御手洗港」（大崎下島）	約90分	1,180円	瀬戸内産交	☎0823-70-7051
百島	尾道駅前（広島）→戸崎（広島）・歌（向島）・満越（広島）→福田（百島）→常石（広島） ※尾道駅前、戸崎、満越の乗降は、旅客のみ（自動二輪は可）	尾道→福田53分・780円 常石→福田11分・260円		備後商船	☎084-987-2711
・来島 ・小島 ・馬島	波止浜（愛媛）→来島→小島→馬島	来島5分 小島10分 馬島20分	160円 220円 310円	くるしま	☎0898-41-8425

自転車でゆっくり島旅

レンタサイクルターミナル＆サポート施設ガイド

サイクリング初心者も安心。しまなみ自転車旅をサポートする施設をご案内。

レンタサイクルターミナル

レンタサイクルの予約･問合せはこちら
●レンタサイクル受付･･･☎0848-22-3911

<table>
<tr><th colspan="2">エリア</th><th>ターミナル名</th><th>住所</th><th>営業時間</th><th>料金</th><th>駐車場</th></tr>
<tr><td rowspan="5">愛媛エリア</td><td rowspan="2">今治</td><td>今治駅前レンタサイクル
（i.i.imabari! Cycle Station）</td><td>今治市北宝来町2丁目甲773-8</td><td>8:00～20:00</td><td rowspan="11">●クロスバイク・シティサイクル・軽快車：大人2,000円/1日、子ども（小学生以下）500円/1日
●電動アシスト自転車：大人2,500円/1日
●タンデム自転車：大人3,000円/1日
※保証料：大人1,100円、子ども（小学生以下）500円。借りたターミナル、もしくは同じ島にあるターミナルに返却した場合のみ返金。
※電動アシスト自転車及びタンデム自転車は借りたターミナル以外への返却は不可。貸出のないターミナルあり。
●E-Bike：大人7,000円/1日
※中央レンタサイクル及び尾道港で貸出。
※保証料：5,000円。借りたターミナルに返却した場合のみ返金。尾道港、中央レンタサイクル、今治駅前レンタサイクルのみ返却可。</td><td>あり（有料）</td></tr>
<tr><td>中央レンタサイクル
（サンライズ糸山）</td><td>今治市砂場町2-8-1</td><td>8:00～20:00</td><td>あり（無料）</td></tr>
<tr><td>大島</td><td>吉海レンタサイクル
（重点「道の駅」
よしうみいきいき館）</td><td>今治市吉海町名4520-2</td><td>9:00～17:00</td><td>あり（無料）</td></tr>
<tr><td>伯方島</td><td>伯方レンタサイクル
（重点「道の駅」
伯方Ｓ・Ｃパーク）</td><td>今治市伯方町叶浦甲1668-1</td><td>9:00～17:00</td><td>あり（無料）</td></tr>
<tr><td>大三島</td><td>上浦レンタサイクル
（重点「道の駅」
多々羅しまなみ公園）</td><td>今治市上浦町井口9180-2</td><td>9:00～17:00</td><td>あり（無料）</td></tr>
<tr><td rowspan="6">広島エリア</td><td rowspan="2">生口島</td><td>瀬戸田サンセットビーチ</td><td>尾道市瀬戸田町垂水1506-15</td><td>9:00～17:00</td><td>あり（無料）</td></tr>
<tr><td>瀬戸田町観光案内所</td><td>尾道市瀬戸田町沢200-5</td><td>9:00～17:00</td><td>あり（無料）</td></tr>
<tr><td>因島</td><td>土生港
（尾道市営中央駐車場）</td><td>尾道市因島土生町1899-31</td><td>8:30～19:00
8:30～18:00
（12～2月）</td><td>あり（有料）</td></tr>
<tr><td>向島</td><td>尾道市民センターむかいしま</td><td>尾道市向島町5531-1</td><td>8:30～19:00
8:30～18:00
（12～2月）</td><td>あり（無料）</td></tr>
<tr><td>尾道</td><td>尾道港
（駅前港湾駐車場）</td><td>尾道市東御所町地先</td><td>7:00～19:00
8:00～18:00
（12～2月）</td><td>あり（有料）</td></tr>
</table>

サイクリストの駆け込み寺

しまなみ島走レスキュー

サイクリング中のトラブルはおまかせ。自転車修理などをしてくれる施設をご案内。

レスキューポイント（自転車修理）

愛媛エリア

エリア	ポイント名	住所	電話番号
大島	渡辺自動車	今治市吉海町仁江1258	☎0897-84-2640
	空と海の駅（アクションアイランド）	今治市吉海町名3043	☎090-7572-4956（矢野）
	宮窪モータース	今治市宮窪町宮窪4200	☎0897-86-2125
伯方島	赤瀬自転車店	今治市伯方町木浦1560-3	☎0897-72-0523
	村上石油伯方インターSS	今治市伯方町叶浦1668-24	☎0897-72-2728
大三島	細河石油店	今治市大三島町宮浦5656-2	☎0897-82-0066
	井上モータース	今治市上浦町瀬戸279	☎0897-87-2328
弓削島	しまでカフェ	越智郡上島町弓削下弓削830-1	☎0897-77-2232
生名島	愛広商会	越智郡上島町生名1889	☎0897-76-3058
岩城島	宮脇モータース	越智郡上島町岩城2679-2	☎0897-75-2223

広島エリア

エリア	ポイント名	住所	電話番号
尾道	サイクルショップ タカハシ	尾道市長江2-15-31	☎0848-37-7949
	山上サイクルモーター	尾道市久保2-6-9	☎0848-37-3251
	オカタニモーターサイクル	尾道市西御所町1-14	☎0848-22-3843
	福地モーターサイクル	尾道市正徳町11-11	☎0848-22-3985
	BETTER BICYCLES（ベターバイシクルズ）	尾道市土堂2-7-1	☎0848-38-7820
向島	ウネモトモータース	尾道市向島町11675	☎0848-44-2149
	(有)木曽サイクル	尾道市向島町232-28	☎0848-44-1646
因島	バイクルセンター京丸	尾道市因島中庄町2040-2	☎0845-24-1819
生口島	河原自転車商会	尾道市瀬戸田町瀬戸田518	☎0845-27-0128
	タデハラ商会	尾道市瀬戸田町瀬戸田457	☎0845-27-0155
	張間輪業	尾道市瀬戸田町瀬戸田238-1	☎0845-27-0167

詳細はウェブサイトをチェック!

- ●愛媛県　http://tousou-rescue.com/
- ●広島県　https://www.city.onomichi.hiroshima.jp/site/onomichikanko/1282.html
- ●レンタサイクルターミナル　https://shimanami-cycle.or.jp/rental/

レスキュータクシー

愛媛エリア

エリア	ポイント名／住所／電話番号
大島	おおしまタクシー 今治市吉海町幸新田105 ☎0897-84-2629
伯方島	伯方タクシー 今治市伯方町木浦甲1463 ☎0897-72-2200
大三島	上浦交通 今治市上浦町井口6629 ☎0897-87-2400

広島エリア

エリア	ポイント名／住所／電話番号
尾道	備三タクシー 尾道市山波町3101-9／ 尾道市向島町1-5（向島営業所） ☎0848-37-2800
	せとうち観光タクシー 尾道市高須町4785-3 ☎0848-20-3700
向島	大平交通 尾道市向島町232-27 ☎0848-44-1600
因島	B&G平和タクシー 尾道市中庄町1980-1 ☎0845-24-2121
	因島タクシー 尾道市因島土生町2332-8 ☎0845-22-2255
生口島	瀬戸田タクシー 尾道市瀬戸田町福田1136-11 ☎080-2940-3858
	美南タクシー 尾道市瀬戸田町御寺1091-1 ☎0845-28-0811

- 瀬戸の味万作(生口島) 57
- 禅興寺(伯方島) 31
- 「千里眼"のぞいてみよう、瀬戸田から世界が見える。"」(生口島) 4
- SOIL Setoda(ソイル瀬戸田)(生口島) 50
- 「空へ」(生口島) 4
- ソルトハウス(伯方島) 74

た

- 鯛崎島(大島沖) 2
- 高根大橋(生口島) 6
- 多々羅大橋(大三島) 5
- 多々羅大橋(生口島) 6
- 多々羅展望台(大三島) 6
- 立花海岸(向島) 8
- 立花食堂(向島) 34
- 立石展望台(大三島) 6
- 玉木商店(生口島) 55
- 足るを知る木漏れ日る(大島) 83
- 小さなお菓子屋さんふわり(向島) 39
- ちいさなお宿Link(輪空)(生口島) 56
- 「地殻」(生口島) 4
- 潮流体験 能島水軍(大島) 30
- tsubuta SANK!(向島) 35
- ディープウォーター(向島) 99
- 手打ちそば圓山(向島) 38
- 典座(大三島) 67
- 伝村上雅房の墓(伯方島) 31
- とうかげん(大島) 83
- ところミュージアム(大三島) 67
- 友浦サイト(大島) 82
- Trattoriaアル(弓削島) 91
- ドルフィンファームオートキャンプ場(伯方島) 103
- ドルフィンファームしまなみ(伯方島) 71

な

- 渚の交番SEA BRIDGE(因島) 45
- ナティーク城山(因島) 46
- 70カフェ(向島) 36
- 名もなき展望台(上蒲刈島) 85
- 鶏小島(伯方島) 9・75
- 鶏小島と伯方・大島大橋(伯方島沖) 6

は

- バーガー,ゴロッケン(生口島) 100
- 伯方plius+(伯方島) 73
- 伯方の塩大三島工場(大三島) 67
- パクパク(向島) 39
- HAKKOパーク(万田発酵)(因島) 44
- はっさく屋(因島) 46
- Patisserie T`s cafe(玉屋)(伯方島) 16
- 鼻栗瀬戸展望台(大三島) 6
- 浜ノ浦隧道(岩子島) 3
- パン屋paysan(大島) 15
- パン屋まるまど(大三島) 17
- ピザカフェつばさ(因島) 23
- BISTRO Paysan(大島) 23
- Pizzeria&Bar りん(生口島) 55
- Pizzeria da ISOLANI (伯方島) 16
- Pizzeria Felix(向島) 37
- 開山展望台(伯方島) 9・98
- 平山郁夫美術館(生口島) 55
- ファームインポーチュラカ西部(伯方島) 72
- felice di tucca(生口島) 17
- 福助製菓(伯方島) 75
- 富士見園(大三島) 65
- プチ・ボワ(伯方島) 74
- 船折瀬戸(伯方島) 98
- ペーパームーン(因島) 47
- 「ベルベデールせとだ」(生口島) 4
- ボッコ製菓(大三島) 66
- HoToRiカフェ(鎮守の杜)(伯方島) 75
- 本因坊秀策囲碁記念館(因島) 46

ま

- まち喫茶店(向島) 38
- まるひ商店(因島) 18
- マーレ・グラッシア大三島(大三島) 66
- Mandarina(向島) 35
- 美可崎城跡(因島) 31
- みかんの花(因島) 47
- みしまや瀬戸田(生口島) 55
- ミスティー亀井(岩城島) 88
- 身近島自然公園(身近島) 103
- 道の駅伯方S・Cパークマリンオアシス伯方(伯方島) 5
- 道の駅よしうみいきいき館(大島) 25・80
- MINATOYA(生口島) 54
- ミナミたこ焼き(生口島) 56
- 三之瀬地区の階段路地(下蒲刈島) 85
- 宮浦港(大三島) 3
- みやくぼしまのダイニング(大島) 83
- 雅(大島) 80
- 民宿うずしお(伯方島) 74
- 向島大橋(向島) 9
- 椋名の遍路道(大島) 8
- 村上丼盛堂本店(大三島) 65
- 宗方地区(大島) 9
- 村上三島記念館(大三島) 67
- ♯モーモーキッチン(向島) 25
- 悶舌飯店MONSITER HUNTEN(向島) 38

や

- 結乃屋MITSUBACHI(大島) 83
- Uターンブルーライン(佐島) 90
- yubune(生口島) 53
- よしうみバラ公園(大島) 9

ら

- ラーメンシゲ(向島) 39
- Little Kitchen Arumo(因島) 18
- 料理旅館せと(伯方島) 72
- 歴史の見える丘公園(大崎下島) 87
- レストランみつばち(因島) 45
- Remon.Lab(生口島) 9
- レモン谷(生口島) 51
- 六大陸(因島) 18

わ

- WAKKA(大三島) 99

瀬戸の島旅 INDEX　探したいスポットがすぐ見つかる「あいうえお」順

あ

愛の地産地消レストラン（伯方島） 72
青影山（青影城跡）（因島） 31
あか吉（伯方島） 22
アジアンカフェ亀山小屋（大島） 15
Azumi Setoda（生口島） 52
甘崎城跡（大三島） 3・31
生樹の御門（大三島） 64
居酒屋せいちゃんちor神原食堂（向島） 89
居酒屋おかえりなさい（生名島） 39
厳島神社（岩子島） 5
井のイの!STAND（大三島） 64
今治市伊東豊雄建築ミュージアム（大三島） 67
今治市岩田健母と子のミュージアム（大三島） 67
今治市大三島美術館（大三島） 67
今治市伯方ふるさと歴史公園（伯方島） 7
今治市村上海賊ミュージアム（大島） 29
因島アメニティ公園（因島） 4
因島大橋（因島） 7
因島公園（因島） 9・46
因島水軍城（因島） 31
いんのしまペンション白滝山荘（因島） 46
WILLOWS NURSERY（向島） 19
魚常梅が花（伯方島） 73
USHIO CHOCOLATL（向島） 35
海SORAアネックス（大三島） 67
うどんの原（上蒲刈島） 85
映画「あした」ロケセット（向島） 8・36
映日果（大島） 22
ENOTECA NATURALE（大島） 82
演歌みちむかいしま（向島） 104
大三島ブリュワリー（大三島） 65
大三島みんなのワイナリー（大三島） 66
大三島リモーネ（大三島） 64
大山祇神社（大三島） 60～63
岡哲商店（生口島） 57
沖浦ビーチ（伯方島） 75
お好み焼き越智（因島） 42
お好み焼きさくら（伯方島） 72
お好み焼きたんぽぽ（伯方島） 73
お好み焼き・鉄板焼　風（伯方島） 74
お好み焼きT&K（因島） 44
お好み焼き米ちゃん（因島） 43
御食事処ちどり（生口島） 22
お食事処みなとや（伯方島） 73
小野浦地区（豊島） 86
尾道市因島フラワーセンター（因島） 47
尾道水道（向島・尾道市） 8

か

怪獣レモン（生口島） 105
海水温浴施設潮湯（弓削島） 90
カエルベーカリー（大三島） 64
花苑（向島） 38
かぎしっぽ（向島） 19
菓子処中島（因島） 47
Cafe un fil（伯方島） 24
Cafe VIA shimanami（生口島） 51
Cafe Shozan（大島） 14
カフェテラス菜のはな（因島） 46
cafe Noa（向島） 36
かまぼこの村上（大島） 82
上島町観光協会（弓削島） 99
カレイ山展望公園（大島） 7
閑月庵新豊（大崎下島） 87
Country Time（大三島） 66
喜多寿し（大島） 82
喫茶インディゴ（大三島） 17
亀老山展望公園（大島） 5・7・9・98
亀老山売店（大島） 80
熊口港（伯方島） 9
来島海峡大橋展望台（大島） 98
来島海峡急流観潮船（大島） 30
Glamp Village瀬戸内しまなみ（高根島） 103
GLAMPROOKしまなみ（馬島） 102
クレメント（生口島） 57
くろしお（大三島） 66
ゲストハウス醫（KUSUSHI）（大崎下島） 86
向栄堂（生口島） 57
耕三寺博物館（生口島） 56
工房蔵nola（向島） 35
後藤鉱泉所（向島） 37
コナノワ（大島） 82
古民家カフェ竹野（向島） 37
珈琲豆ましろ（向島） 36
こりおり舎（大島） 15
Co-Living&Cafe SANDO（大三島） 21

さ

サイクリストの聖地（大三島） 5
さんわ伯方島店（伯方島） 72
猪骨ラーメン（大三島） 65
地蔵鼻（因島） 3
島ごころSETODA（生口島） 54
自転車神社（因島） 105
自転車カフェ&バー汐待亭（生口島） 101
島四国・第70番札所車南庵（大島） 3
しまなみお菓子工房プチフルール（因島） 47
しまなみ海道お宿ぽんぽこ（大島） 83
しまなみカレールリヲン（因島） 24
しまなみコーヒー（大三島） 8・16
しまなみドルチェ本店（生口島） 101
しまなみビーチ大浜（因島） 44
しまなみフレンチFiler（大三島） 21
しまなみVILLA蒼（大島） 83
島宿NEST（生口島） 53
十文字山展望台（豊島） 86
松愛堂中庄店（因島） 47
白滝山（因島） 3
新天地（因島） 43
住田製パン所（向島） 37
西華園（因島） 45
関前食堂（岡村島） 87
積善山展望台（岩城島） 88
瀬戸田サンセットビーチ（生口島） 9
瀬戸田梅月堂（生口島） 55
瀬戸の味処わか葉（生口島） 51

瀬戸の島旅

しまなみ海道

＋とびしま海道 ゆめしま海道

2023年4月25日初版第一刷発行

編著者　株式会社ディレクターズ
発行者　内山正之
発行所　株式会社西日本出版社
http://www.jimotonohon.com
〒564-0044　大阪府吹田市南金田1-8-25-402
【営業・受注センター】
〒564-0044　大阪府吹田市南金田1-11-11-202
TEL.06-6338-3078　FAX.06-6310-7057
郵便振替口座番号　00980-4-181121

STAFF

プロデューサー	岸本広宣（ディレクターズ）
編集長	阿部美岐子（シーズ・プロダクション）
写真	国貞誠、藤川満
取材・ライティング	矢野美也子、藤川満、廣瀬麻衣、本田亜由美、千々木涼子、宮川知子、平山厚子、酒井美咲
デザイン	西村京子・峰加奈子・山田みちる・坂口悠太（tao.）
協力	田中謙（今治市村上海賊ミュージアム）、美甘子 なえだガタリ、藤田晴彦、小野輝里
マップ制作	松下直行
印刷・製本	株式会社光邦

ISBN978-4-908443-54-1 C0026

この本の情報は、2023年3月1日現在のものです。価格など変更の場合があります。

乱丁落丁は、お買い求めの書店名を明記の上、小社宛にお送り下さい。送料小社負担でお取り換えさせていただきます。